UNIVERSITÉ DE PARIS. — FACULTÉ DE DROIT

DE LA CONTREFAÇON

EN MATIÈRE DE PROPRIÉTÉ INDUSTRIELLE

LITTÉRAIRE ET ARTISTIQUE

THÈSE POUR LE DOCTORAT

Présentée et soutenue

Le Vendredi 26 Mai 1899, à 10 heures

PAR

Georges MARRY

PARIS

LIBRAIRIE NOUVELLE DE DROIT ET DE JURISPRUDENCE

ARTHUR ROUSSEAU, ÉDITEUR

14, RUE SOUFFLOT ET RUE TOULLIER, 13

1899

THÈSE

POUR LE DOCTORAT

DE LA CONTREFAÇON

EN MATIÈRE DE PROPRIÉTÉ INDUSTRIELLE

LITTÉRAIRE ET ARTISTIQUE

THÈSE POUR LE DOCTORAT

L'ACTE PUBLIC SUR LES MATIÈRES CI - APRÈS

Sera soutenu le vendredi 26 mai 1899, à 10 heures

PAR

GEORGES MARRY

Président : M. LYON-CAEN.

Suffragants : { MM. CHAVEGRIN, LE POITTEVIN, } *professeurs.*

PARIS

LIBRAIRIE NOUVELLE DE DROIT ET DE JURISPRUDENCE

ARTHUR ROUSSEAU, ÉDITEUR

14, RUE SOUFFLOT ET RUE TOULLIER, 13

1899

DE LA CONTREFAÇON

EN MATIÈRE DE PROPRIÉTÉ INDUSTRIELLE

LITTÉRAIRE ET ARTISTIQUE

INTRODUCTION

1. On comprend sous le nom de propriété intellectuelle tous les droits, quels qu'ils soient, dérivant d'une
création de l'esprit ; cette propriété (1) embrasse les droits
de jouissance exclusive des œuvres quelconques de l'imagination créatrice, aussi bien dans le domaine scientifique que dans le domaine des lettres et des beaux-arts.
L'invention, l'œuvre artistique ou littéraire procèdent de
la même source et doivent produire des effets analogues ;
cette propriété, qu'elle soit industrielle, littéraire ou artistique, consiste dans la faculté que la loi reconnaît à l'auteur ou à l'inventeur d'exploiter son œuvre pendant un

(1) Nous employons l'expression de propriété adoptée par
l'usage parce qu'elle est commode, sans pour cela vouloir dire
que la propriété intellectuelle est un droit semblable à la propriété matérielle.

M. — 1

temps déterminé et à l'exclusion de tous autres et d'en tirer tous les bénéfices qu'elle comporte.

2. En même temps que la loi organise cette propriété, elle prévient et réprime par des dispositions spéciales l'atteinte qui pourrait lui être portée ; cette atteinte, qui se traduit par une reproduction indûment faite, c'est la contrefaçon.

3. L'activité créatrice de l'esprit humain peut s'appliquer dans deux champs bien différents, soit dans le domaine pratique des machines ou matériaux employés par les hommes et exploités par le commerce, soit dans le domaine spéculatif des idées, des formes et des tons.

4. Dans le domaine industriel, l'imagination s'exerce, soit en concevant des objets, des produits nouveaux, soit en inaugurant des procédés nouveaux de fabrication ; et, à un autre point de vue, elle se manifeste encore en donnant aux produits industriels une forme, une apparence nouvelles, en modifiant leurs formes, leurs dessins ou leurs reliefs. La propriété industrielle consistera en une attribution de droits privatifs au profit des inventeurs sur les produits, les procédés, sur les dessins et modèles trouvés par eux. La loi du 5 juillet 1844 sur les brevets d'invention garantit la jouissance exclusive des inventions relatives à la nature intime, à la substance des produits industriels ainsi qu'à leur fabrication. La loi du 18 mars 1806 sur les dessins de fabrique garantit la jouissance exclusive des formes données aux produits au moyen de changements apportés à leurs figures, à leurs couleurs ou à leurs reliefs.

5. On comprend aussi sous le nom de propriété industrielle le droit du fabricant ou commerçant, qui appose sur les objets de sa fabrique ou de son commerce une marque spéciale, de s'en servir seul et d'empêcher ses concurrents d'employer une marque semblable; le droit qu'a celui qui appose sur des marchandises un nom de mettre obstacle à ce qu'un concurrent fasse usage du même nom. La loi du 23 juin 1857 sur les marques de fabrique et de commerce, et la loi du 28 juillet 1824 sur les altérations ou suppositions de noms dans les produits fabriqués ont protégé cette propriété.

Car souvent, sans avoir fait aucune invention, un fabricant acquiert une grande réputation, grâce au soin avec lequel il fabrique ses produits; un commerçant qui sert uniquement d'intermédiaire entre les producteurs et les consommateurs obtient parfois une sérieuse renommée, grâce au soin avec lequel il choisit les produits de son commerce et les revend sans altération à sa clientèle. Si, pour profiter de cette renommée, ce fabricant ou ce commerçant appose sur les produits de sa fabrication ou de son commerce, soit son nom, soit un signe qui en indique l'origine, le législateur a considéré qu'il ne suffisait pas de condamner celui qui usurpe cette marque ou ce nom à réparer le dommage causé par cette usurpation, mais qu'il fallait punir ce fait de peines correctionnelles.

En matière de propriété industrielle, nous aurons donc

à nous occuper de la contrefaçon des inventions brevetées, des dessins et modèles de fabrique et des marques
de fabrique et de l'usurpation des noms commerciaux.

6. Nous laisserons de côté tous ces faits qui varient à
l'infini et qui tendent à établir une confusion entre deux
établissements commerciaux dans le but de détourner la
clientèle de l'un au profit de l'autre. Les faits de concurrence déloyale se manifestent sous les formes les plus
diverses et le législateur ne pouvait pas les prévoir spécialement; le commerçant lésé a le moyen d'obtenir réparation du préjudice qui lui est causé par les actes de son
concurrent en se basant sur l'article 1382, C. Civ., en vertu
duquel « tout fait quelconque de l'homme qui cause à
autrui un dommage oblige celui par la faute duquel il
est arrivé à le réparer. »

7. Le décret du 24 juillet 1793 assure aux auteurs, littérateurs et artistes le droit exclusif de jouir de leurs œuvres,
de les exploiter et d'en tirer bénéfice au moyen de la reproduction : les articles 425 et suivants, C. P., prévoient
et punissent la contrefaçon en matière d'œuvres littéraires
ou artistiques. Nous étudierons ce délit quand il porte
atteinte soit à des œuvres littéraires ou dramatiques, soit
à des œuvres musicales, soit enfin des produits des arts
du dessin. Mais nous ne nous occuperons pas des représentations ou exécutions d'œuvres dramatiques ou musicales faites sans l'autorisation préalable des intéressés;
car cette atteinte au droit des auteurs n'est pas une viola-

tion du droit de reproduction, partant pas une contrefaçon.

8. Dans notre étude, avant de rechercher les signes distinctifs de chaque contrefaçon et qui sont spéciaux à leur matière, nous avons commencé par poser les règles communes aux brevets d'invention, aux marques, au nom commercial, aux œuvres littéraires et artistiques, aux dessins et aux modèles de fabrique. Nous verrons ainsi que la contrefaçon n'est pas toujours soumise aux mêmes principes dans chacune de ses manifestations. Après avoir établi dans quels cas il y a contrefaçon ou autres infractions de même nature qui lui sont assimilées, nous nous sommes occupés de la procédure et enfin de la répression de ce délit.

TITRE PREMIER

DANS QUELS CAS IL Y A CONTREFAÇON OU AUTRES INFRACTIONS DE MÊME NATURE QUI LUI SONT ASSIMILÉES

CHAPITRE PREMIER

RÈGLES COMMUNES A TOUTES LES ACTIONS EN CONTREFAÇON OU A CERTAINES DE CELLES-CI

Section I

De la bonne ou de la mauvaise foi dans les actions en contrefaçon. De la provocation.

9. C'est un principe de notre droit pénal que, pour qu'il y ait délit, l'intention criminelle du délinquant est nécessaire ; la bonne foi, si elle laisse subsister la contravention, exclut le délit. Ce principe s'applique aux contrefaçons dont la répression fait l'objet de dispositions du Code pénal ; il n'en est pas toujours ainsi à l'égard des contrefaçons prévues par des lois spéciales. Mais si la bonne foi du défendeur l'exonère d'une condamnation pénale, elle ne suffit pas toujours à lui éviter une condamnation au civil ; il est possible qu'on puisse relever contre lui des faits de négligence ou d'imprudence qui pourront motiver une condamnation à des dommages-intérêts.

10. La loi de 1844 sur les brevets d'invention a-t-elle fait application du principe du droit commun ou, au contraire, lui a-t-elle fait échec? Pour répondre à cette question il faut faire une distinction; les délits prévus par l'article 41 sont soumis aux règles ordinaires : il n'en est pas de même pour ceux dont s'occupe l'article 40. Donc, l'auteur de la contrefaçon est punissab!e, même s'il n'a point agi sciemment, le juge n'a pas à se préoccuper du motif du délit; son existence seule suffit à le rendre punissable. La bonne foi n'est pas une excuse pour les faits énumérés par l'article 40; cela a été dit expressément dans l'exposé des motifs présenté à la Chambre des Pairs.

11. Au contraire, l'article 41 frappe ceux qui ont sciemment recelé, vendu ou exposé en vente, ou introduit sur le territoire français un ou plusieurs objets contrefaits ; pour ces délits le fait matériel ne suffit pas à les constituer il faut de plus une intention frauduleuse. Ainsi, les peines édictées par la loi de 1844 ne peuvent être appliquées au commissionnaire qui a coopéré, sans le savoir, à l'introduction en transit, sur le territoire français, d'objets contrefaits. Rouen, 12 fév. 1874 (S 74. 2.281). Mais dans les différentes espèces prévues par l'article 41, ce n'est pas au breveté qu'incombe la charge de prouver la mauvaise foi du défendeur, mais c'est celui-ci qui doit démontrer qu'il a agi de bonne foi. Le breveté doit prouver l'existence de son brevet et la réalité du fait qu'il reproche ; la loi de 1844 considère d'abord le fait matériel, si le défendeur ne peut invoquer d'excuse, il est coupable ; sa bonne foi constitue une exception à la poursuite, et le prévenu, demandeur sur ce point, tombe sous l'application de la règle « *actori incumbi onus probandi* ». D'ailleurs, il serait difficile, quelquefois impossible au breveté de prouver la mauvaise foi du prévenu ; il est plus juste de présumer l'intention frauduleuse du contrefacteur.

12. La loi ne donne pas de définition de la bonne ou de la mauvaise foi ; on dit généralement que le vendeur, l'introducteur ou le recéleur a agi sciemment lorsqu'il a commis les actes constitutifs du délit qui lui est reproché en sachant qu'il contrevenait à un brevet. Le prévenu est donc de bonne foi, lorsqu'il agit dans l'ignorance du brevet, quelles que soient du reste les causes de cette ignorance ; la bonne foi peut aussi bien provenir d'une erreur de droit que d'une erreur de fait.

13. M. Nouguier, (*Des brevets d'invention et de la contrefaçon*, p. 795) ne croit pas que l'erreur sur la non existence ou sur la durée du brevet puisse servir d'excuse aux débitants d'objets contrefaits ; ils n'ont pas le droit de croire sérieusement que l'invention est tombée dans le domaine public ; tous les brevets sont publiés et ils ne sont pas excusables de ne pas en avoir pris connaissance. Cette opinion est contraire à l'exposé des motifs de la loi de 1844 où l'on fait observer que le fabricant peut et doit rechercher les inventions brevetées, et qu'il se rend coupable de négligence ou d'imprudence grave en ne le faisant pas ; mais on ne peut, sans une gène excessive, imposer au commerce la même obligation de recherche. Le premier devoir du débitant chez lequel on saisit un objet argué de contrefaçon est d'en indiquer la provenance ; son refus d'en désigner l'origine fera présumer dans la plupart des cas sa mauvaise foi. Ainsi le fait de vendre à la fois des objets brevetés et des objets contrefaits est un indice caractéristique de la mauvaise foi du débitant.

14. En résumé, une différence profonde, différence admise par la doctrine et une jurisprudence constante, sépare les cas prévus dans l'article 40 de ceux dont s'occupe l'article 41 ; l'excuse de bonne foi ne sert, à l'égard des premiers, qu'à atténuer la pénalité, sans jamais pouvoir faire disparaître la culpabilité, alors qu'au contraire cette même excuse enlève tout caractère délictueux aux infractions comprises dans l'énumération de l'article 41. On comprend l'importance qui s'attache à la question de savoir si telle ou telle infraction, dont un brevet peut être l'occasion, rentre dans les prévisions de l'un ou de l'autre de ces articles.

15. Cette difficulté a été soulevée tout particulièrement en ce qui concerne l'usage commercial qui peut être fait d'une invention brevetée. Tout le monde est d'accord pour reconnaître que l'usage de l'objet contrefait est un fait de contrefaçon ; mais les uns, tels que M. Nouguier (n° 740 et s), M. Pouillet (*Brev. d'inv.*, n° 673 et s.), soutiennent que cet usage est puni par l'article 40 ; d'autres, comme M. Pataille (*Ann. prop. ind..* 1870, p. 350 ; 1872, p. 399 et s.), pensent que cet usage est réprimé seulement par l'article 41, qui punit les recéleurs au cas où ils sont de mauvaise foi.

16. L'article 40 ne peut pas s'appliquer à l'usage, disent ces derniers ; il vise la fabrication de produits et l'emploi de moyens brevetés ; produit et moyen sont deux mots différents ; pour que l'emploi de produit soit punissable, il faudrait que la loi eût dit : emploi de moyens ou de produits faisant l'objet du brevet. Or elle a dit simplement emploi de moyens, elle laisse donc de côté l'emploi des produits. M. Pouillet (1), répond que le mot « moyen » est employé dans un sens général et signifie l'objet du brevet, que l'invention consiste dans un produit, une machine ou un procédé. Et il ajoute : si la fabrication constitue une atteinte aux droits du breveté, il en est de même à bien plus forte raison de l'usage de l'objet breveté, contrefaçon bien plus préjudiciable à l'inventeur que celle résultant de la fabrication, s'il s'agit d'une machine. Car, dans ce cas, le droit exclusif de l'inventeur d'une machine consiste, non seulement dans la faculté de la fabriquer à l'exclusion de tous autres, mais encore dans celui de s'en servir seul. Toute personne qui use de cette machine commet une atteinte aux droits exclusifs du breveté, c'est-à-dire une contrefaçon. La rigueur de cette doctrine est atténuée par la distinction faite, par la juris-

(1) *Brev. d'inv.* nᵒ 675 et s.

prudence, entre l'usage personnel et l'usage commercial, ce dernier pouvant seul constituer une contrefaçon.

De plus, dit-on, si l'article 40 ne punit pas l'usage de l'objet contrefait, cet usage n'est interdit nulle part dans la loi ; il ne le sera pas par l'article 41 ; cet article ne prévoit pas ce cas, il s'occupe de faits de complicité. Et cet oubli est inadmissible de la part du législateur de 1844 qui a réservé au breveté le droit exclusif d'exploiter son invention ; l'article 40 n'est que la sanction de ce droit, et il punit toute atteinte portée aux droits du breveté.

17. Les adversaires de ce système reconnaissent que la loi a créé un monopole au profit du breveté, mais la sanction de ce monopole ne se trouve pas pour eux dans ce seul article 40, elle se trouve aussi dans l'article 41 ; si le monopole porte sur un procédé, l'emploi de ce procédé est puni par l'article 40 ; s'il s'agit d'un produit, le tort causé peut se produire de deux façons : soit par sa fabrication punie par l'article 40, soit par son utilisation (vente ou détention) et l'article 41 atteint ce vendeur ou ce recéleur. L'usage commercial d'un objet breveté ne devra pas rester impuni, car il constitue le recel que l'article 41 déclare punissable au cas de mauvaise foi.

18. De même l'usage personnel d'un objet breveté n'est punissable que si le détenteur de l'objet est de mauvaise foi. Il faut observer que cette solution est admise par ceux-là même qui pensent que l'usage commercial d'une invention brevetée est toujours punissable en soi, quelle que soit la bonne foi de la personne poursuivie. Il faut remarquer que la loi de 1844 ne fait aucune distinction entre les différentes sortes d'usage ; il semble plus logique d'appliquer aux uns et aux autres les mêmes règles, c'est-à-dire celles de l'article 41.

19. Dans un article des *Annales de la propriété industrielle* (1897, p. 283), un auteur soutient que ces deux théories sont trop absolues, et qu'il est inexact de poser en principe que l'usage d'un produit tombe toujours ou tombe jamais sous le coup de l'article 40.

20. Pour cet auteur, le texte de la loi est clair, il interdit l'emploi de moyens faisant l'objet d'un brevet. Dans certains cas, l'emploi du produit breveté, une brosse à dents, un chapeau, ne rentre pas dans ces termes ; un brevet ne peut pas être pris pour garantir à son propriétaire l'emploi exclusif de ces objets. Mais un grand nombre de produits constituent de véritables *moyens* parfaitement brevetables, en tant que moyens et dont *l'emploi* rentrera dans les termes de l'article 40. Le but de l'inventeur en les créant, aura été précisément de les employer à produire un résultat industriel et commercial. Alors le même brevet protègera à la fois ce produit nouveau et le moyen de production dont ce produit sera l'instrument ; ce sera un *produit moyen*.

21. L'inventeur d'un produit moyen peut, pour en tirer parti, soit le fabriquer et le vendre, soit l'employer lui-même et lui faire remplir le but pour lequel il a été créé.

Ce moyen, faisant l'objet de son brevet, quiconque

l'emploiera, se trouvera dans les termes de l'article 40 de la loi de 1844. En pratique, pour établir que tel produit est un produit moyen dont l'emploi est prohibé, il n'y a pas à se demander si ce produit constitue un moyen, car ce produit quel qu'il soit, constituera toujours un moyen, mais on se demandera, ce moyen fait-il l'objet du brevet? Question que les tribunaux résoudront dans chaque espèce. Si un brevet porte sur un produit, tel que le manchon Auer, qui, comme moyen, conduit à l'obtention de ce résultat industriel, la production de la lumière, le particulier qui emploie des manchons contrefaits pour éclairer une pièce de son appartement est aussi punissable qu'une compagnie de gaz, chargée d'éclairer à forfait les rues d'une ville, et qui emploie dans ce but des manchons contrefaits. L'article 40 punit toute atteinte portée aux droits du breveté, et l'article 1 de la loi de 1844 lui accorde le droit exclusif d'exploiter son invention : cela paraît atteindre aussi bien l'usage personnel que l'usage commercial.

22. Quoi qu'il en soit, il faut reconnaître que la majorité de la doctrine et de la jurisprudence fait une distinction entre l'usage personnel et l'usage commercial. L'individu qui, même de bonne foi, a acheté et emploie dans son industrie ou son commerce un appareil contrefait, doit être considéré comme contrefacteur, et il ne peut arguer de sa bonne foi pour se soustraire aux peines de la contrefaçon. Cass., 22 nov. 1872 (D., 72. 1. 477). Au contraire, le particulier qui fait usage uniquement dans son intérêt privé et personnel des objets contrefaits qu'il a commandés au contrefacteur et dont il ignore le caractère délictueux, n'est pas passible des peines de la contrefaçon. Cass., 12 mai 1888 (S., 89. 1. 441). Toutefois, un particulier ne peut pas acquérir légitimement un objet qu'il sait contrefait sous prétexte de le destiner à son usage personnel ; s'il a connaissance de l'origine délictueuse de l'objet, sa mauvaise foi le rendra passible des peines édictées contre le recéleur. D'ailleurs, lorsqu'une poursuite est intentée pour délit d'usage, le prévenu devra prouver non seulement que l'usage n'était pas commercial, mais encore l'ignorance où il était de la contrefaçon.

23. Il est donc intéressant de savoir dans quels cas l'usage est commercial et dans quels cas il est personnel. Pour certains, il faudrait que l'industrie du contrefacteur portât directement et principalement sur l'objet breveté ou sur des produits contrefaits, qu'en un mot le commerce soit la conséquence de l'emploi de l'objet breveté. La Cour de cassation va plus loin et décide qu'il y a usage commercial toutes les fois que le commerçant emploie le produit contrefait dans l'intérêt de son commerce ou de son industrie; c'est la solution adoptée par de nombreux jugements et arrêts rendus sur la poursuite de la Société propriétaire des brevets Auer (Tr., Nimes, 21 déc. 1896 ; C. de Poitiers, 21 mai 1897 ; C. de Toulouse, 18 déc. 1897 ; *Ann.*, 97. 298). Les tribunaux ont décidé que les épiciers, les cafetiers, etc., qui se servaient

de becs Auers contrefaits pour éclairer leurs établissements, tombaient sous le coup de l'article 40 et qu'il n'y
avait pas lieu de se préoccuper de leur bonne foi.

24. Par contre, l'usage personnel sera celui qui a pour
but non un trafic, non la consommation du public, mais
l'agrément, l'utilité de la personne ; la jurisprudence
déclare que cet usage d'un objet contrefait est à l'abri de
toute poursuite. D'après cette théorie, pour savoir s'il y
a délit, il faut rechercher l'emploi qui est fait de ces
objets contrefaits : ainsi une personne achète des boules
inflammables contrefaites, sera-t-elle poursuivie comme
contrefacteur ? Cela dépend : si ces boules ont été achetées
par un particulier pour son usage personnel, il n'y a pas
contrefaçon ; si elles ont été acquises par un hôtelier
pour l'usage des voyageurs, cet achat constitue la complicité par débit du délit de contrefaçon. Paris, 18 nov.
1859 (*Ann. propr. ind.*, 59. 349).

25. D'ailleurs, l'usage commercial ne résulte pas
nécessairement de la profession de l'individu ; dans certaines circonstances données, des commerçants ou industriels peuvent même invoquer l'excuse déduite de ce que
l'achat par eux fait a été opéré dans un but purement
personnel. L'appréciation de la nature de l'usage rentre
dans les attributions souveraines des juges du fond. Cass.,
5 févr. 1876 (S , 77. 1. 327).

26. Nous venons de voir que certains délits prévus par
la loi de 1844 existent malgré la bonne foi de leur
auteur ; sur ce point, la loi du 23 juin 1857, relative aux

marques de fabrique et de commerce, nous paraît avoir laissé la plupart des infractions qu'elle prévoit, soumises à l'empire des principes du droit commun, c'est-à-dire que la bonne foi de l'inculpé fait disparaître le délit lui-même. Toutefois il nous semble que l'excuse de bonne foi n'est pas admissible dans le cas prévu par la première partie de l'article 7, 1°, c'est-à-dire qu'il y a toujours lieu de condamner le négociant, l'imprimeur ou le graveur qui se livrent à la contrefaçon de la marque d'autrui, ou ceux qui font usage de cette marque contrefaite.

27. En effet, dans les derniers alinéas de l'article 7 qui prévoient des cas différents, le législateur a pris soin d'exiger, pour que la condamnation soit possible, que le défendeur ait agi sciemment ou frauduleusement, l'article 7, 1° ne contient aucune disposition de cette nature ; il en résulte que la contrefaçon ou l'usage d'une marque contrefaite tombe sous le coup de la loi sans que l'auteur du délit puisse invoquer sa bonne foi. Cette solution est rationnelle : « Comment admettre la bonne foi de celui qui copie servilement ? Il n'a pu croire que la marque qu'il employait était originale ; il ne peut soutenir que la similitude est due au seul hasard d'une rencontre ; si la marque consiste dans un signe tellement vulgaire que cette rencontre fortuite n'ait rien d'étonnant, il n'en est pas moins coupable, pour n'avoir point consulté le registre des dépôts au Conservatoire » (Pouillet, *Marq. de fabr.*, n° 169 et suivants). De plus la loi de 1844 contient une disposition semblable ; le contrefacteur d'un brevet est coupable même s'il est de bonne foi ; or la loi de 1857 a été conçue dans le même esprit que celle de 1844.

28. Cette manière de voir n'est pas admise par tous ; pour M. Bozérian *(Propr. ind.*, n° 325), la contrefaçon de marque n'est punissable que si elle est accompagnée d'une intention frauduleuse ; l'absence du mot « frauduleusement » ou « sciemment » dans le premier paragraphe de l'article 7 n'est pas suffisante pour conclure que le législateur a entendu punir le fait sans considérer l'intention. Selon cet auteur, l'imitation d'une marque est une contrefaçon partielle ; or, l'imitation n'est punissable que si elle est frauduleuse, on ne peut pas admettre que le principe de la pénalité variera suivant que l'imitation sera plus ou moins complète. M. Bozérian repousse l'argument tiré de l'analogie entre les deux lois de 1844 et de 1857 ; car la loi sur les brevets repousse la bonne foi pour toute contrefaçon totale ou partielle, ce que ne fait pas la loi de 1857. De plus des déclarations en ce sens ont été faites au cours des débats parlementaires sur la loi de 1844 ; tout au contraire, les travaux préparatoires de la loi de 1857 sont muets sur la question qui nous occupe ; il faut donc en conclure, à défaut d'un texte contraire précis, que les principes du droit commun ont conservé toute leur puissance.

29. M. Pouillet (1) objecte à cette théorie qu'il est juste alors qu'il y a simplement ressemblance et non par iden-

____

(1) Pouillet, *Marq. de fabr.*, n° 169.

tité, de rechercher si la ressemblance est volontaire et frauduleuse, ou si elle ne provient pas d'une rencontre fortuite ; dans le premier cas il est naturel que la loi soit impitoyable pour celui dont la copie démontre l'intention coupable sans excuse possible. Les tribunaux admettent que le délit de contrefaçon de marque existe par le seul fait de la fabrication et que l'excuse de bonne foi n'est pas admissible : Lyon, 2 janv. 1885 *(Ann. propr. ind.,* 86. 244).

30. Le nom même donné au délit prévu par l'article 8, 1° de la loi de 1857 implique que le prévenu d'imitation frauduleuse de marques peut utilement se prévaloir de sa bonne foi. Toutefois s'il n'encourt pas de responsabilité pénale, cela ne veut pas dire que son imitation soit licite, le fait qui lui est reproché peut constituer un acte de concurrence déloyale ou simplement un acte dommageable qui sera de la compétence du tribunal civil ou consulaire.

31. L'article 8, 1° punit aussi ceux qui font usage d'une marque frauduleusement imitée, sans dire si la mauvaise foi [est une qualité nécessaire du délit. M. Bedarride *(Commentaire des lois sur les brevets d'invention, sur les noms des fabricants et sur les marques de fabriques,* nos 923 et 924) conclut du silence du texte que tout usage d'une marque frauduleusement imitée est délictueux en soi, quelle que soit d'ailleurs la bonne foi de la personne poursuivie. Il est facile de répondre à cette opinion ; si le législateur n'a pas ajouté « sciemment » aux mots « fait usage », c'est pour éviter un pléonasme ; il n'a pas voulu surcharger d'un adverbe nouveau ce membre de phrase qui contenait déjà l'adverbe frauduleusement. D'ailleurs la loi ne peut faire une aussi grande différence entre les deux délinquants ; l'auteur de l'imitation ne sera puni que s'il a agi dans une intention coupable, et celui qui n'est pas l'auteur de l'imitation, qui se contente de s'en servir, serait puni même en dehors de toute intention coupable, c'est inadmissible.

32. On a prétendu que la bonne foi du négociant ne pouvait lui être d'aucun secours lorsqu'il appose sur ses produits ou sur les objets de son commerce une marque appartenant à autrui (article 7, 2°); on a invoqué à cet effet un passage de l'exposé des motifs de la loi de 1857. Cette opinion ne peut être admise; car, dans ce paragraphe, la loi exige l'apposition frauduleuse, elle permet donc au juge d'examiner la question d'intention. En effet, celui qui se sert de la marque d'autrui, des récipients par exemple, peut les posséder par suite d'une confusion et les employer par méprise. Sans doute la bonne foi sera rare, mais si elle existe en ce cas, elle exclue le délit; le juge ne devra l'admettre que si elle est indubitable.

33. De même, ceux qui vendent ou mettent en vente des produits revêtus d'une marque contrefaite ou d'une marque qui a été frauduleusement soit apposée, soit imitée, pourront se soustraire à toute condamnation pénale en invoquant leur bonne foi. En effet les articles 7-3°

et 8-3° de la loi de 1857, analogues à l'article 41 de la loi de 1844, déclarent punissable celui qui « sciemment » vend ou met en vente des marques contrefaites, frauduleusement apposées ou imitées.

34. Des questions analogues à celles que nous avons eu l'occasion d'examiner en matière de brevets d'invention sont susceptibles de se reproduire en matière de marques de fabrique. La détermination de la bonne ou de la mauvaise foi des personnes poursuivies rentre dans les pouvoirs des juges du fait. De même c'est à la personne poursuivie pour infraction à la loi sur les marques qu'il appartient d'établir sa bonne foi.

35. La loi du 28 juillet 1824, relative aux altérations ou suppositions de noms dans les produits fabriqués, fait aussi une distinction. L'auteur du délit de supposition de nom, et celui qui s'est rendu coupable de l'altération destinée à faire apparaître le nom supposé ne peuvent invoquer leur bonne foi ; ils ne pouvaient ignorer que le nom qu'ils apposaient sur leurs marchandises n'était pas le leur. Au contraire les vendeurs, les commissionnaires, les débitants d'objets marqués de noms supposés ou altérés pourront invoquer leur bonne foi. Cette solution résulte du texte de la loi de 1824 ; le législateur n'a placé le mot sciemment que dans le § 2 relatif aux complices ; il l'a omis dans le § 1er relatif aux altérations ou suppositions de nom.

36. On a prétendu, en matière de propriété littéraire et artistique, que la mauvaise foi n'était pas un élément

essentiel du délit de contrefaçon, que ce délit existait par
cela seul que le fait matériel de reproduction était établi.
Pour démontrer qu'il en doit être ainsi, M. Pataille
(*Ann. prop. ind.*, 1857, p. 300), tire argument de la
généralité des termes employés par l'article 425, C. P.;
d'après ce texte, « toute édition d'écrits... au mépris
des lois et règlements est une contrefaçon ». Puis on a
essayé de montrer que cette solution résultait de l'esprit
de la loi. En effet, dit-on, repousser la contrefaçon parce
que le coupable serait de bonne foi équivaudrait à refuser
souvent à l'auteur la protection légale ; car la preuve de
la mauvaise foi qui serait à la charge de l'auteur serait
difficile à fournir. De plus, ajoute-t-on, il est impossible
que deux auteurs expriment la même idée dans les mêmes
termes, sans que le second ait copié le premier, et comme
cette copie est toujours l'œuvre de la mauvaise foi, on
peut considérer que la similitude n'est que le résultat
d'une intention coupable.

37. Ce système est aujourd'hui abandonné. Si, en matière de brevets, nous avons pu décider que la contrefaçon résultait du fait matériel indépendamment de l'intention, c'est que la loi de 1844 l'avait formellement
déclarée. Or ici nous ne trouvons rien de pareil ; l'article 425, C. P., dit expressément que la contrefaçon est
un délit, or, dans notre droit pénal, le délit n'existe en
général que s'il est intentionnel. A cette règle le législateur
a apporté des exceptions, mais partout où il a gardé le
silence à cet égard il faut appliquer la règle générale.

Or c'est ici notre cas, donc la contrefaçon des œuvres artistiques et littéraires disparaît au cas de bonne foi du prévenu.

38. La jurisprudence est unanime pour admettre que l'intention frauduleuse est l'un des éléments constitutifs du délit de contrefaçon des œuvres littéraires ou artistiques, de sorte que la bonne foi du prévenu le met à l'abri de toute condamnation pénale. Mais l'action au civil subsiste, basée sur la simple faute, le tort d'imprudence ou de négligence qui permettra à l'auteur lésé d'obtenir des dommages-intérêts.

39. Toutefois la jurisprudence a admis, en matière de contrefaçon littéraire et artistique, comme d'ailleurs en matière d'inventions brevetées et de marques de fabrique dans les cas où la bonne foi exclut le délit (art. 47, L. de 1844, art. 7-1°, L. de 1857), que la bonne foi ne se présume pas, et que le prévenu, pour se disculper, doit prouver qu'il n'a pas agi en connaissance de cause. Cass., 11 avril 1889 (*Ann. prop. ind.*, 92. 190). En d'autres termes, le fait matériel de la contrefaçon crée contre son auteur une présomption de mauvaise foi, présomption qu'il peut combattre, mais qui cède seulement devant la preuve contraire.

40. Il ne faut pas se dissimuler que la preuve de la bonne foi sera singulièrement difficile pour le prévenu; l'ignorance de la loi ne sera pas acceptée comme une excuse suffisante. Il n'est même pas nécessaire, pour qu'il y ait mauvaise foi, que le reproducteur ait eu l'intention directe de nuire à l'auteur; une négligence, une imprudence grave, une « indifférence fâcheuse pour le respect des droits d'auteur » (Rennes, 3 janv. 1892, *Ann. prop. ind.*, 92. 191), seront considérées comme exclusives de bonne foi. De telle sorte qu'en définitive la situation du défendeur sera à peu près la même en face de la loi de 1844 et en face de l'article 425, C. P. Dans le premier cas, la preuve de sa bonne foi lui sera inutile; dans le second elle lui sera pratiquement presque impossible à fournir et rarement il échappera à l'action du propriétaire lésé.

41. Puisque la mauvaise foi est un élément essentiel du délit de contrefaçon, les juges saisis par le prévenu de l'exception de bonne foi devront constater la mauvaise foi avant de déclarer le délit constant et de prononcer la peine; sinon leur décision devrait être annulée pour défaut de motifs. Mais, en l'absence de conclusions spéciales sur ce point, les juges ne sont pas tenus de constater explicitement la mauvaise foi de l'inculpé, puisqu'elle doit être considérée comme présumée.

42. Les infractions relatives aux dessins de frabrique et aux modèles de fabrique sont punies par le même article 425 C. P.; nous déciderons, par conséquent, que la mauvaise foi est un élément consitutif du délit de contrefaçon de dessins. Jusqu'en 1888 la jurisprudence était incertaine sur cette question; à cette époque, la Cour de cassation a décidé que le délit de contrefaçon d'un dessin de fabrique suppose nécessairement la mauvaise foi de son auteur; Cass. 22 déc. 1888 (*Ann.* 89, p. 185). Mais la Cour n'a pas décidé expressément à qui incombait la charge de la preuve; il nous semble que c'est au plaignant à établir la mauvaise foi de son adversaire. Si, en matière de contrefaçon littéraire et artistique, on a pu décider autrement, c'est que le prévenu peut vérifier l'existence du droit, et son erreur est inadmissible; mais ici les tiers ne peuvent se renseigner, le dépôt des dessins et modèles de fabrique étant secret, on ne peut présumer que le contrefacteur en a eu connaissance. De plus, en cette matière, il peut arriver que deux personnes se rencontrent fortuitement dans l'exécution identique de la même idée.

43. L'étude de la bonne foi dans les actions en contrefaçon nous amène à rechercher l'effet que peut produire sur la légitimité de la poursuite la circonstance que l'objet prétendu contrefait, qui sert de base à l'action du demandeur, n'est arrivé en sa possession qu'à la suite d'une commande faite par lui ou par un de ses agents. En pareil cas le titulaire de droits privatifs peut-il utilement agir en contrefaçon? Non, car il n'y a plus de contrefaçon dès que l'objet est exécuté sur la commande et pour le compte du propriétaire du droit privatif. Mais le droit d'agir en contrefaçon ne lui est enlevé que dans le cas de provocation proprement dite, c'est à-dire dans le cas où c'est la commande faite par le demandeur au procès qui a donné à son adversaire l'idée de se livrer aux actes de contrefaçon qui lui sont reprochés. Une telle provocation ne peut résulter que d'agissements qui ont fait naître un délit qui, sans cela, n'aurait pas existé. Non seulement une pareille manœuvre rend la poursuite sans objet, mais de plus elle donne à celui qui en est victime une action en dommages-intérêts.

44. Il y a lieu d'assimiler à la provocation l'autorisation même tacite, accordée par le breveté, par le propriétaire de marques, etc. Mais pour se soustraire à l'action en contrefaçon, il ne suffit pas d'invoquer la tolérance de l'intéressé ; sa longue inaction amènera la prescription, mais tant que celle-ci n'est pas acquise, sa tolérance pendant un temps plus ou moins long ne fera pas disparaître son droit. La tolérance ne prouve que l'indifférence du titulaire du droit privatif à défendre ses droits, mais elle ne peut faire supposer qu'il a renoncé à son droit.

SECTION II

**Du préjudice dans les actions en contrefaçon.
De la reproduction dans une industrie différente
ou par un art différent.**

45. On admet communément, en Droit pénal français, que la simple éventualité d'un préjudice suffit pour qu'il y ait délit lorsque l'infraction consiste en une violation d'un droit privatif. Or, nous ne trouvons dans les lois spéciales que nous avons à examiner aucun texte qui exige l'existence d'un préjudice actuel, pour qu'il y ait délit de contrefaçon; il faut donc appliquer les principes généraux de notre Droit pénal. De plus qu'est-ce que la contrefaçon? C'est une atteinte à une propriété, à un droit certain; or, ce droit est exclusif, et le possesseur de ce droit peut empêcher qu'on ne fasse infraction à ce droit. En résumé, il y a délit bien que le plaignant ne puisse établir l'existence d'un préjudice, mais, d'autre part, il n'y a pas délit, s'il n'y a pas possibilité d'un préjudice même éventuel.

46. Ce préjudice n'a pas besoin d'être actuel et immédiat, il peut n'être que futur. Ainsi le fait que l'auteur qui se plaint de la contrefaçon a vendu une ou plusieurs éditions de son ouvrage n'empêche pas que cette contrefaçon peut lui causer un préjudice futur, dès à présent certain et appréciable. De même, il y aurait délit dans le fait de publier un ouvrage sans l'autorisation de l'auteur bien que le contrefacteur n'ait tiré aucun profit pécuniaire de sa publication et l'ait distribuée gratuitement.

47. Le préjudice n'est pas un élément nécessaire du délit de contrefaçon des marques de fabrique; ainsi le délit existe, dès qu'il y a reproduction de la marque, alors même que ce fait ne causerait aucun préjudice à raison du peu d'importance de l'industrie du contrefacteur, ou de l'éloignement des deux maisons. Il n'est pas nécessaire d'établir qu'il s'est produit une confusion entre les deux marques en présence, il suffit que cette confusion, et partant le préjudice qui en est la conséquence, soit possible.

48. Donc, la contrefaçon existe dès qu'il y a possibilité d'un préjudice quelconque, que le préjudice soit direct ou indirect, moral ou pécuniaire; et dans ces conditions, il pourra y avoir une condamnation pénale. Mais pour que le contrefacteur puisse être condamné à des dommages-intérêts, un préjudice actuel est nécessaire. Il a été décidé, en ce sens, qu'un lithographe poursuivi pour contrefaçon n'est passible d'aucuns dommages-intérêts, en l'absence de tout préjudice réel causé au propriétaire de la marque. Paris, 19 mars 1875 (S., 75. 2. 97).

49. Le peu de valeur des objets contrefaits peut être utile à considérer pour la fixation des dommages-intérêts, bien qu'il ne fasse pas disparaître le délit de contrefaçon. Le contrefacteur ne peut pas pour se disculper prétendre que l'invention brevetée n'a aucune importance, que l'ouvrage imité n'a aucune valeur littéraire ou scientifique, et partant que le propriétaire du droit privatif ne souffre aucun préjudice. C'est le fait de s'emparer de la chose d'autrui que la loi punit sans s'attacher à la valeur de l'objet.

50. C'est en partant de cette idée fausse qu'il n'y a pas de contrefaçon, s'il n'y a pas de dommage effectivement causé au titulaire des droits privatifs, que l'on a soutenu qu'il n'y avait pas contrefaçon, lorsque la reproduction de l'œuvre originale était opérée soit dans une industrie différente, soit par un art différent ou encore lorsqu'une œuvre artistique était employée dans l'industrie.

51. Nous avons vu que la contrefaçon pouvait exister indépendamment de tout préjudice actuel; de plus, dans toutes les hypothèses citées, il est possible de découvrir l'éventualité d'un préjudice; le demandeur aurait pu tirer un bénéfice du droit de vendre ces reproductions incriminées. Enfin, la contrefaçon existe toutes les fois qu'il est porté atteinte au droit exclusif et absolu du propriétaire de l'œuvre intellectuelle; comme M. Pouillet (*Propr. litt.*, n° 574) l'a fait spécialement remarquer en matières d'œuvres littéraires et artistiques, mais cela serait aussi exact en matière de propriété industrielle, « ce qui appartient à l'auteur, c'est l'ensemble même de sa conception, c'est cette forme spéciale qu'il a donnée à une action ou à une idée ; seul, pendant le temps fixé par la loi, il a le droit exclusif de recueillir les bénéfices que peut donner l'exploitation de cette conception, de quelque nature qu'ils soient. Peut-on admettre qu'un statuaire ne sera pas assez propriétaire de son œuvre pour la soustraire à la reproduction par le dessin, la gravure, la lithographie et surtout par la photographie ; ce dernier genre de reproduction qui donne de grands bénéfices serait toléré par la loi, et les profits qu'on tirerait de la reproduction à l'infini d'une œuvre d'art appartiendraient à d'autres que l'auteur. Ce n'est pas admissible ».

52. M. Renouard (*Droits d'auteur*, t. II, p. 86) fait une distinction entre les arts plastiques, d'une part, et les arts du dessin, d'autre part; et il légitime le transport d'une œuvre d'un domaine dans l'autre. Suivant cet auteur, la reproduction n'est interdite qu'autant qu'elle a lieu par l'un des moyens rentrant, si l'on peut s'exprimer ainsi, dans l'art auquel est dû l'original. Un graveur, par exemple, pourrait reproduire une œuvre de sculpture, mais n'aurait pas le droit de travailler sur une œuvre de peinture.

53. Ce système contraire à la loi est aujourd'hui abandonné; il est aujourd'hui de jurisprudence constante que la contrefaçon ne consiste pas seulement dans la reproduction de l'objet d'art à l'aide des mêmes procédés que ceux employés par l'artiste, mais aussi dans toute reproduction, même opérée au moyen d'un art essentiellement distinct dans ses procédés comme dans ses résultats.

54. La jurisprudence s'est aussi prononcée contre les emprunts auxquels certains industriels se livrent au détriment des artistes. Le changement de destination ne modifiera pas le caractère délictueux de la reproduction ; il est juste qu'il en soit ainsi parce que cette application à des produits industriels, outre qu'elle avilit l'original, peut être vendue par l'auteur et devenir pour lui une source de bénéfices dont il serait injustement privé.

55. De même la contrefaçon existe en quelque matière d'ailleurs que la reproduction incriminée ait été faite; par exemple, il n'est pas permis de reproduire un tableau par la broderie sur un tapis ou sur des rideaux. Ainsi, en matière d'invention brevetable, un contrefacteur ne saurait, pour se soustraire à toute condamnation, se prévaloir de ce qu'il aurait employé pour la confection de l'objet contrefait, un métal autre que celui dont se sert le titulaire du brevet ; cette substitution d'une matière à une autre peut même être une aggravation de la contrefaçon alors que l'emploi d'un métal moins cher a entraîné une dépréciation de l'article. Trib. corr. Seine 12 février 1885 (*Ann. prop. ind.*, 85. 214).

56. En matière de dessins de fabrique, on a aussi reconnu que la propriété d'un dessin donnait naissance à un droit de jouissance exclusive et absolue, et que toute atteinte qui y est portée constitue une contrefaçon. Ainsi, il est interdit de copier un dessin exécuté sur une soierie, alors que la reproduction a lieu sur une étoffe de coton ou de laine.

57. Jusque dans ces derniers temps, on était d'accord pour penser qu'une marque de fabrique ne constituait qu'une propriété essentiellement relative, et on en concluait qu'un négociant pouvait légitimement choisir comme marque le signe distinctif déjà adopté par un autre négociant à la condition que ce signe ne fût pas employé dans un commerce ou dans une industrie similaire ; en d'autres termes, on estimait qu'il ne pouvait y avoir contrefaçon que quand l'une et l'autre marques pouvaient entrer en concurence. En cette matière, la contrefaçon ne revêtissait pas le caractère de généralité qu'elle possède indubitablement en matière d'œuvres artistiques et littéraires, de dessins de fabrique ou d'inventions brevetables.

58. Cependant, la première fois que la Cour de cassation a eu à statuer sur ce point, elle s'est nettement prononcée pour le caractère absolu du droit sur les marques ; elle a décidé que la propriété d'une marque de fabrique dûment déposée est indépendante de l'usage auquel elle peut être appliquée, et que l'action en contrefaçon fondée sur cette propriété ne saurait être écartée par le motif que le déposant ne fabriquait ni lors du dépôt, ni lors de la demande, le produit auquel la marque était destinée. Cass., 1er décembre, 1890 (S. 91. 1. 165). *Contra*, Pouillet, *Marq. de fabr.*, n° 142.

En conséquence, c'est à tort qu'un arrêt déboute de sa réclamation un demandeur qui a déposé sa marque avec l'indication qu'elle est destinée aux fils à coudre, lin, coton et autres, en se fondant sur ce que, fabriquant exclusivement des fils de lin, il n'était pas admis à reprocher à des concurrents l'emploi de la même marque pour des fils de coton. Douai, 9 avril 1888 (S., *loc. cit.*).

59. Il nous semble que le système admis par la Cour de cassation doit être approuvé. En effet, un commerçant ou industriel a intérêt à ce que le signe par lui adopté lui reste absolument propre et ne puisse, malgré lui, être employé dans une industrie ou dans un commerce totalement différent ; car il se peut que cette marque ne serve qu'à spécialiser des produits d'une qualité inférieure, et le discrédit s'attachant dès lors à ce signe, le propriétaire de la marque originale pourra, par le fait d'autrui, souffrir dans ses intérêts les plus légitimes. D'ailleurs le système de la Cour de cassation est conforme au texte de la loi de 1857 qui assure à ceux qui ont opéré le dépôt d'une marque une propriété *exclusive* (art. 2), et qui punit comme contrefacteur, sans aucune distinction, quiconque contrefait une marque ou en fait une imitation frauduleuse (art. 7 et 8).

SECTION III

**Des règles communes à toutes les actions en contrefaçon
ou à certaines d'entre elles qui ne découlent pas
de l'idée de bonne foi ou de l'idée de préjudice.**

§ 1ᵉʳ. — De la tentative.

60. Avant d'arriver à l'étude détaillée des différentes infractions prévues par les articles 425 et suivants, C. P., et par les diverses lois particulières dont nous avons à nous occuper, nous avons à rechercher s'il n'est pas possible de dégager, soit des principes généraux du droit, soit de textes spéciaux, un certain nombre de règles, autres que celles que nous avons déjà examinées, applicables soit à toutes les actions en contrefaçon, soit seulement à certaines d'entre elles.

61. L'article 3, C. P., décide expressément que la tentative de délit ne sera punie que dans les cas déterminés par une disposition particulière de la loi ; or, nous

ne trouvons ni dans le Code pénal, ni dans les diverses lois spéciales dont nous avons à nous occuper, aucune disposition qui déroge à cette règle générale. Donc la tentative de contrefaçon n'est pas punissable.

62. M. Nouguier (n° 147) voudrait qu'en ce cas les dépens de la poursuite soient mis à la charge du défendeur acquitté. Ce système n'est pas admissible en présence des termes de l'article 130, C. proc. civ., qui interdit de faire supporter les frais de l'instance par celui qui gagne son procès. Si la poursuite a eu lieu devant les tribunaux correctionnels, à plus forte raison les dépens ne pourront être mis à la charge du prévenu renvoyé des fins de la plainte ; quand ces tribunaux constatent qu'il n'y a pas de délit, ils doivent acquitter le prévenu, et celui-ci n'ayant rien à se reprocher ne peut être condamné aux dépens.

§ 2. — **Contrefaçon totale et contrefaçon partielle.**
Modifications de détail apportées à l'œuvre reproduite.

63. Le délit de contrefaçon, de mise en vente, d'introduction, etc., tombe sous l'application des lois civiles ou pénales bien qu'il soit impossible de relever, à la charge du défendeur, une imitation servile de l'œuvre ou de l'objet qui appartient au demandeur ; il suffit, pour qu'il y ait délit, qu'il y ait reproduction des lignes caractéristiques de l'œuvre ou de l'objet d'autrui. En d'autres termes, la contrefaçon partielle constitue une infraction au même titre qu'une contrefaçon totale.

64. En matière d'inventions brevetées, la contrefaçon doit se juger d'après les ressemblances et non d'après les différences, il n'est donc pas nécessaire, pour constituer une contrefaçon, qu'il y ait identité entre l'objet breveté et celui signalé comme constituant une contrefaçon. Des différences sans importance destinées à masquer la contrefaçon n'empêchent pas qu'il n'y ait contrefaçon punissable. Ainsi, il a été jugé que lorsqu'il y a eu usurpation du principe de l'invention et de ses moyens d'exécution essentiels, il y a contrefaçon, bien qu'on n'ait pas pris les procédés tout entiers, qu'on en ait supprimé quelques détails d'agencement, ou qu'au contraire, on ait introduit quelques éléments nouveaux destinés la plupart du temps à déguiser l'imitation. Amiens, 19 juin 1884 (*Ann. propr. ind.*, 87. 118). Trib. Seine, 16 mai 1893 (*Rev. prat. de dr. ind.*, 93. 280). Mais, il n'y aura pas contrefaçon, lorsque la dissemblance entre le produit breveté et le produit prétendu contrefait porte précisément sur le point caractéristique du brevet, en d'autres termes, s'il n'y a pas imitation de la partie essentielle de l'invention brevetée. Cass., 3 janv. 1889 (D., 90. 1. 44).

65. La loi du 23 juin 1857 distingue la contrefaçon (art. 7) et l'imitation frauduleuse (art. 8) d'une marque ; elle les punit l'une et l'autre mais non de la même manière. La contrefaçon est la reproduction brutale, complète de la marque ; ce sont les termes dont s'est servi le rapporteur lors de la discussion de la loi ; mais il ne suffit cependant pas d'un changement quelconque, si insignifiant qu'il soit, pour que le délit de contrefaçon disparaisse. Il suffit, pour constituer ce délit, de la reproduction de la partie essentielle et caractéristique de la marque. Les tribunaux apprécient souverainement s'il y a ou non identité entre la marque déposée et la marque incriminée ; ainsi, échappe au contrôle de la Cour de cassation l'arrêt qui constate entre la marque déposée et la marque poursuivie, des différences telles que l'acheteur ne peut les confondre, à moins d'une erreur grossière constituant une faute lourde. Cass., 9 nov. 1891 (*Ann.*, *propr. ind.* 96. 114).

66. M. Bedarride (n° 902) soutient que l'article 7 n'est applicable, c'est-à-dire qu'il n'y a contrefaçon que si la marque a été reproduite dans sa partie essentielle et caractéristique ; si l'emprunt qu'on y a fait s'en rapproche assez pour établir une confusion entre les produits, il y a imitation punie par l'article 8.

Il y a donc délit d'imitation frauduleuse, lorsqu'à raison d'analogie, de ressemblances suffisamment prononcées, soit dans la totalité, soit dans quelques-uns des éléments constitutifs de la marque, la confusion est possible à première vue et de nature à tromper l'acheteur sur la provenance de produits similaires.

Si la marque incriminée présente un aspect général complètement différent, et s'il y a des dissemblances telles que toute confusion est impossible, il n'y aura pas

de délit. Paris, 23 mai 1893 (*Rev. prat. de dr. ind.*,
94. 28).

Il n'est pas nécessaire d'établir que l'imitation a eu
réellement cet effet de tromper une ou plusieurs personnes, il suffit que la marque soit de nature à tromper
le public. « L'imitation, dit M. Bedarride (*loc. cit.*) encourt la peine édictée dès qu'elle est de nature à tromper
l'acheteur, c'est-à-dire dès qu'elle crée la possibilité de
confondre la marque de celui-ci avec la marque de celui-
là ; la possibilité d'une confusion est la condition essentielle. constitutive du délit ; c'est cette possibilité dont la
loi se préoccupe uniquement et exclusivement. On remarque en effet ces termes « de nature à tromper l'acheteur ». Aussi la loi n'exige pas que l'acheteur ait été
trompé, il sufit qu'il puisse l'être. »

67. Ce qui vient d'être rappelé pour les inventions brevetables et pour les marques de fabrique ou de commerce, est également vrai en matière d'œuvres littéraires
et artistiques ; là encore il est exact de dire que la contrefaçon, pour exister, n'a pas besoin de porter sur la reproduction complète de l'œuvre d'autrui ; il suffit que la
partie reproduite constitue une portion essentielle de
l'œuvre. En effet la loi protège l'ouvrage tout entier et
dans toutes ses parties, il s'ensuit que la contrefaçon partielle est un délit au même titre que la contrefaçon totale ;
la loi nous le dit en termes formels : « toute édition.....
en entier ou en partie », et cela s'explique aisément ; si
le législateur n'intervenait qu'en cas de reproduction in-

tégrale, la modification d'une ligne, d'un paragraphe. d'un chapitre, dans le livre contrefaisant suffirait à conjurer toute poursuite. Suivant l'expression de Gastambide (*Traité des contrefaçons*, n° 44), la contrefaçon totale est la spoliation dans toute son effronterie, c'est la reproduction identique ; mais le plus souvent la contrefaçon se dissimulera, ainsi l'auteur a pris soin de noyer un plus petit ouvrage dans un plus grand ; le fait d'avoir intercalé des parties originales entre les parties imitées et copiées n'empêche pas qu'il y ait emprunt de l'œuvre entière.

68. En matière de dessins de fabrique, il y aura contrefaçon, malgré certaines différences toutes dans les détails entre le dessin déposé et le dessin saisi, si l'ensemble et la physionomie générale sont les mêmes dans les deux dessins. Ainsi, il y a contrefaçon de dessin, alors même que l'imitation n'est pas servile, toutes les fois que l'imitation est de nature, par sa ressemblance avec le dessin contrefait, à nuire à la vente des étoffes sur lesquelles figure le dessin et que les changements qui y ont été introduits n'ont d'autre but que de déguiser la contrefaçon. Lyon, 27 avril 1894 (*Rev. prat. de Dr. indust.*, 94. 445).

§ 3. — Pouvoirs des juges du fait et de la Cour de cassation.

69. Les juges du fait sont souverains juges pour déterminer si les produits ou objets argués de contrefaçon sont ou non entachés de ce vice ; leur appréciation échappe au contrôle de la Cour de cassation. Cette règle est admise par la jurisprudence et toute la doctrine, pour toutes les matières qui nous occupent.

Mais si considérables que soient les pouvoirs des juges du fond, la Cour de cassation peut toujours apprécier le point de savoir si le titre qui sert de base à l'action en contrefaçon a été sainement interprété par le juge du fait.

Pour permettre à la Cour de cassation d'exercer le contrôle qui lui est reconnu, les juges du fond doivent indiquer dans leurs décisions les circonstances de fait de la cause et les motifs de droit qui ont déterminé leur conviction. Ainsi, manque de base légale une condamnation pour contrefaçon, si l'arrêt qui prononce cette condamnation se borne à constater que « X... a fait procéder à la saisie des appareils fabriqués par le prévenu, et qu'il le poursuit comme contrefacteur », sans indiquer quels sont les appareils saisis, sans dire s'ils sont ou non semblables à ceux qui font l'objet du brevet pris par X... et sans spécifier dans quelles circonstances le délit de contrefaçon aurait été commis. — Cass. 11 janvier 1895 (*Gaz. des trib.*, 19 janv. 1895).

§ 4. — De la Complicité.

70. L'article 426, C. P., et quelques-unes des dispositions des lois spéciales déclarent punissables, en dehors de la contrefaçon, certains faits que l'on peut considérer comme des actes de complicité; l'énumération n'est pas toujours la même, mais il est facile de constater que chacune de ces énumérations passe sous silence des faits de participation à la contrefaçon qui sont répréhensibles en soi, et qui, comme tels, devraient être frappés de peines plus ou moins fortes. Il faut donc se demander si, en matière de contrefaçon, les règles ordinaires de la complicité (article 59 suivants C. P.), doivent ou non recevoir leur application.

Nous ne voulons pas étudier pour le moment les faits considérés parfois comme des actes de complicité qui se trouvent être expressément compris dans les énumérations dont nous venons de parler, mais nous voulons exposer les règles applicables aux faits restés en dehors de ces énumérations.

71. On peut dégager de la jurisprudence cette règle que les principes ordinaires de la complicité s'appliquent à toutes les actions en contrefaçon, sauf en matière de brevets d'invention.

72. Pour ce cas particulier, on prétend que la loi de 1844 se suffit à elle-même; son article 40, dit-on, prévoit et définit le délit de contrefaçon proprement dit; son article 41 détermine les cas de complicité qui peuvent accompagner ce délit : ce sont le recel, la vente, l'exposition en vente, l'introduction en France d'objets contrefaits. La loi de 1844, précisément parce qu'elle est pénale,

est limitative ; on ne peut donc admettre aucun autre cas
de complicité en dehors de ceux mentionnés dans l'article 41, et ce serait violer la loi que d'appliquer à la
contrefaçon les articles 59 et 60, C. P., qui précisent les
caractères de la complicité en matière ordinaire. Il y a
ici dérogation au droit commun et aux principes généraux sur la complicité.

73. La doctrine s'est généralement prononcée contre
ce système, mais les motifs invoqués par les auteurs n'ont
pas toujours été les mêmes. Pour M. Blanc (*De la contrefaçon*, p. 613), l'article 41 n'a pas eu en vue de définir la
complicité ; la loi de 1844 assimile à la contrefaçon les faits
énumérés dans son article 41, mais ce sont des délits distincts. La complicité de l'article 60, C. P., suppose toujours
qu'il y a eu entente entre le complice et l'auteur principal,
et l'article 41 de la loi de 1844 fait de ces faits des délits
particuliers sans exiger qu'il y ait un rapport quelconque
entre le contrefacteur et le débitant ou le recéleur. Il est
vrai que les lois spéciales, quand elles définissent les caractères du délit qu'elles ont en vue, excluent virtuellement
les dispositions contraires ; mais il n'y a pas de raison, à
moins de disposition contraire et formelle, pour exclure
la complicité telle qu'elle résulte du droit commun.

M. Blanc a tort de dire que les faits prévus par
l'article 41 ne sont pas des faits de complicité ; il suffit
pour s'en convaincre de se reporter à la discussion de
la loi ; on était d'accord pour reconnaître que cet
article 41 définissait des faits « qui se rattachent à la

contrefaçon par des liens qu'on peut assimiler à ceux de la complicité ».

74. M. Bozérian (*Propr. ind.*, n° 435) est d'avis que l'article 41 n'énumère pas limitativement les cas de complicité en matière de contrefaçon des brevets et qu'il n'a pas pour but de créer une complicité spéciale. En matière de complicité littéraire, le Code pénal parle de l'auteur principal dans l'article 425, puis des complices les plus ordinaires dans l'article 426, et il n'est pas douteux que les articles 59 et 60 sont applicables. Cet auteur ajoute : les faits prévus par l'article 41 sont qualifiés de faits de complicité, mais on lit, dans l'exposé des motifs de la loi de 1844 qui prend soin de rappeler l'article 426, C. P., que certains faits de complicité doivent être punis comme des délits distincts, mais qu'en nommant les plus fréquents on n'a pas voulu amnistier les autres et déroger au droit commun. Pourquoi conclure que celui qui a sciemment participé, soit au délit de contrefaçon, soit à l'un des délits connexes de l'article 41, échappe à toute peine ? Rien dans la loi de 1844 ne s'oppose à ce que les principes généraux viennent compléter la législation spéciale, et en admettant cette solution aucun délit ne restera impuni.

75. Malgré l'opinion de la doctrine, il est généralement admis en jurisprudence que les articles 59 et 60, C. P., sur la complicité, ne sont pas applicables en matière de contrefaçon d'inventions brevetées. Ainsi, on ne peut considérer comme complice du délit de contrefaçon celui qui, même sciemment, a commandé ou acheté des objets contrefaits, non dans le but d'en faire un trafic, mais seulement pour s'en servir à son usage personnel. De même, la simple détention d'une certaine quantité d'une matière, qui, en tant que produit naturel, ne peut être l'objet d'un brevet, ne saurait être considérée comme un fait de complicité du délit de contrefaçon. Cass., 27 février 1894 (*Ann. propr. ind.*, 94-166). En effet, d'après le système de la jurisprudence, il est certain que, si le brevet porte simplement sur un procédé, la détention de matières premières ne constitue aucun délit ; car, ce n'est pas un recel, puisque le produit est licite en lui même et le délit ne sera consommé que par l'usage ; l'article 40 ne punit que la contrefaçon accomplie, et l'article 41 le recel des objets contrefaits.

76. Tout au contraire de ce qui vient d'être indiqué pour la contrefaçon des inventions brevetées, la jurisprudence a admis que les règles générales sur la complicité étaient applicables en matière de contrefaçon de marques de fabrique. Cependant la question a été controversée et, en faveur du système opposé, on a produit les mêmes arguments qu'en matière d'inventions brevetées (Bedarride n° 933). Mais les travaux préparatoires de la loi de 1857 ont condamné ce système ; l'exposé des motifs contient, en effet, le passage suivant : « on n'a pas cru devoir mentionner spécialement les recéleurs, parce que d'après les principes du Droit pénal, les recéleurs sont punis comme complices ». Enfin, le rapporteur à la

Chambre des députés s'est ainsi exprimé : « Il est superflu de rappeler que les dispositions du droit commun sur la complicité, et notamment la complicité par recel, s'appliquent à ces délits comme à tous les autres ».

Le recel, qui n'est pas prévu expressément par la loi de 1857, sera donc punissable, et on en a conclu que la simple détention pour usage personnel d'un objet qu'on sait faussement marqué constitue un délit (Pouillet, *Marq. de fabr.*, n° 206). De même, on doit considérer comme contrefacteur la personne qui, en connaissance de cause, fait pour un tiers la commandes d'étiquettes contrefaites.

77. L'article 1ᵉʳ de la loi de 1824 punit l'exposition en vente et la mise en circulation d'objets marqués de noms supposés ou altérés. Comme ce sont là des faits de complicité, on en a conclu que l'énumération en était limitative (Bedarride, n° 271) ; mais, en l'absence d'un texte formel, il est difficile de penser que le législateur de 1824 ait eu l'intention d'écarter les principes du droit commun en matière de complicité, alors surtout que l'énumération se comprend à raison de la controverse, qui s'était élevée sous l'empire de la loi du 22 germinal an XI, quant à la répression des faits de mise en vente ou en circulation (Pouillet, *Marq. de fabr.*, n° 431).

78. La contrefaçon des œuvres littéraires et artistiques et aussi des dessins et modèles industriels étant un délit prévu et puni par le Code pénal, les règles générales sur la complicité sont applicables à ce délit. L'article 426, C. P., qui contient une énumération ne vise pas des cas de complicité; cet article punit des délits principaux assimilés à la contrefaçon; car cet article qualifie le débit et l'introduction d'ouvrages contrefaits de délits de la même espèce et non d'actes de complicité du délit de contrefaçon.

Donc tout individu qui, dans les termes des articles 59 et 60 du Code pénal, aura, en connaissance de cause, aidé, assisté l'auteur de la contrefaçon, ou l'aura provoqué à la commettre, sera complice du délit et sera punissable au même titre. Les dispositions de l'article 62, C. P., relatives à la complicité par recel, sont également applicables; elles servent à atteindre certains faits de détention d'objets contrefaits, qui, sans cela, risqueraient de rester impunis. M. Pouillet (*Propr. littér.*, n° 618; *Dess. de fabr.*, n° 154), est d'avis que le particulier, qui acquiert pour son usage personnel une œuvre qu'il sait contrefaite, ne peut pas échapper à la peine portée sinon contre le contrefacteur ou le débitant, au moins contre le recéleur. L'emploi privé de l'ouvrage contrefait ne change pas la nature de l'acte de celui qui le détient sciemment; la connaissance de cette origine délictueuse fait disparaître la bonne foi du possesseur qui devient un complice par recel.

CHAPITRE II

RÈGLES SPÉCIALES AUX DIVERSES ACTIONS EN CONTREFAÇON
ET AUTRES ACTIONS QUI LEUR SONT ASSIMILÉES

SECTION I

De la contrefaçon des inventions brevetées et des infractions qui lui sont assimilées.

§ 1. — De la contrefaçon proprement dite.

79. Pour qu'une invention soit brevetable, il faut qu'elle ait l'un des trois objets indiqués dans l'article 2 de la loi de 1844; ce qui peut faire l'objet d'un brevet, ce sont les produits nouveaux, les moyens nouveaux et les combinaisons nouvelles de moyens connus. Cette énumération ne mentionne pas expressément les résultats nouveaux; en effet, les résultats nouveaux ne sont pas brevetables en soi, indépendamment des moyens nouveaux ou de la combinaison nouvelle de moyens connus qui servent à les réaliser. Nous n'avons donc pas à nous occuper de cette hypothèse; car, si le brevet ne porte que sur un résultat industriel pris isolément, il est nul et ne peut donner lieu, par suite, à aucune action en contrefaçon ; si, au contraire, l'inventeur n'a pas séparé dans sa demande de brevet le résultat industriel du procédé à employer pour l'obtenir, le cas rentre soit dans la fabrication de produits, soit dans l'emploi des moyens faisant l'objet du brevet.

80. Avant de déterminer les règles à suivre pour savoir s'il y a ou non contrefaçon selon que l'invention appartient à l'une ou à l'autre de ces catégories, nous allons essayer de poser les principes qui s'appliquent, quel que soit l'objet de l'invention.

81. Il nous faut d'abord remarquer, et cela est vrai de toutes les contrefaçons, en quelque matière qu'elles se produisent, que le coupable de contrefaçon n'est pas l'exécuteur matériel de l'objet prétendûment contrefait, mais celui qui le commande, qui a donné l'ordre et les indications nécessaires à sa fabrication. Cette remarque est également vraie pour les autres infractions qui sont assimilées à la contrefaçon proprement dite ; c'est ainsi, qu'au cas de vente d'objets contrefaits par des intermédiaires, le patron des commis-voyageurs peut être directement poursuivi de ce chef.

82. L'article 40 de la loi de 1844, en frappant ceux qui ont fabriqué des objets contrefaits, a voulu atteindre ceux qui ont fait fabriquer lesdits objets par des ouvriers ou entrepreneurs agissant d'après leurs ordres. Toutefois le fait d'exécuter une commande ne fera pas disparaître nécessairement la responsabilité de celui qui a fabriqué l'objet contrefait; la responsabilité du fabricant subsiste à côté de celle de son client, rien ne le force à exécuter les commandes que lui font des personnes malhonnêtes.

83. Mais on ne saurait considérer comme coupable celui qui fabrique ou débite l'objet contrefait, mais qui se trouve être, soit comme ouvrier, soit comme commis tenu d'obéir sans discuter à celui qui seul devrait être poursuivi. Il y a lieu d'assimiler à l'ouvrier et au commis, et par suite de déclarer non responsable de la contrefaçon, l'entrepreneur travaillant sous les ordres et d'après les plans fournis par l'État qui ne lui a laissé aucune initiative, l'a obligé à s'en tenir strictement au modèle qu'il lui présentait, et s'est réservé le droit de faire surveiller la fabrication par ses agents. Paris, 12 mars 1884 *(Ann. prop. ind.*, 85. 140).

84. Il est évident que celui qui commande un objet pour lequel le procédé de fabrication constitue l'invention brevetable, ne peut être considéré comme coupable de contrefaçon que si le procédé breveté a été employé d'après ses ordres ou ses instructions. Il en est de même lorsqu'il sait que celui auquel il s'adresse use sans droit des procédés brevetés.

85. Celui qui a commandé l'objet contrefait ne peut pas se prévaloir de ce qu'il a fait cette commande, non dans son intérêt propre, mais dans l'intérêt d'une autre personne dont il est le mandataire. Les administrateurs d'une compagnie anonyme qui, par une délibération prise en conseil, ont autorisé la contrefaçon des procédés faisant l'objet d'un brevet d'invention, et sont reconnus avoir ainsi participé à la contrefaçon, sont personnellement responsables du délit; cette responsabilité n'incombe pas seulement au directeur qui fait exécuter la délibération. Cass., 21 novembre 1856. (S., 57. 1. 156.)

86. Nous avons vu précédemment que la tentative ne constitue pas un fait punissable, mais qu'une contrefaçon partielle est aussi répréhensible qu'une contrefaçon totale. A l'aide de ces deux idées, nous allons déterminer à quel moment on se trouve en présence d'autre chose que d'une simple tentative, à quel moment il y a véritablement contrefaçon.

87. Il est hors de controverse qu'il n'y a pas de contrefaçon dans le fait de prendre un brevet identique à un autre brevet; le premier breveté n'a d'autre droit que de demander la nullité du second brevet. Le délit de contrefaçon se commet par la mise en pratique des procédés brevetés et non par l'obtention d'un brevet semblable.

88. La contrefaçon n'existe donc que s'il y a eu mise en œuvre de l'invention d'autrui; mais il ne suffit pas qu'il y ait eu commencement de fabrication, puisque la tentative n'est pas punissable; il faut que la fabrication ait été poussée assez loin pour qu'on reconnaisse facilement l'objet du brevet et que l'on puisse dire que c'est le temps seul et non la volonté qui a manqué pour l'achever. (Pouillet, *Brev. d'inv.*, n° 662; *Contra*, Bedarride, n° 554.)

89. Quand le brevet porte uniquement sur un organe d'une machine, le fabricant dans les ateliers duquel on trouve cet organe qu'il reconnaît avoir confectionné, est justement considéré comme ayant participé au délit de contrefaçon, car il y a eu atteinte à l'objet même du brevet. Et même, si cette pièce prise isolément, quoique ne formant pas une partie essentielle de l'invention brevetée, n'a été faite que pour arriver à fabriquer l'objet du brevet par éléments isolés, il y aura délit de contrefaçon. Ainsi sera coupable celui qui a commandé chez plusieurs fabricants des parties séparées d'un objet qui, réunies, forment l'objet breveté. Mais les industriels qui ont fabriqué et livré les éléments de cet objet ne peuvent être considérés comme coauteurs ou complices du délit de contrefaçon, quand ces objets n'ont reçu la forme et la combinaison brevetées que par un travail postérieur.

90. Cesser la contrefaçon c'est se mettre à l'abri des rigueurs de la loi pour l'avenir, mais la contrefaçon une fois commise, la responsabilité du délinquant est engagée et elle ne disparaît même pas s'il vient ultérieurement à supprimer le corps du délit.

91. D'après l'article 40 de la loi de 1844, la contrefaçon résulte de toute fabrication d'objets brevetés, quel qu'en soit le but; ainsi il ne devrait pas être plus permis de faire à titre d'essai qu'à titre définitif l'usage des moyens à l'aide desquels le breveté a obtenu le résultat constituant son invention. Toutefois la jurisprudence et la majorité de la doctrine ont atténué la rigueur de cette déduction; on a fait observer que cet article 40 de la loi de 1844 suppose implicitement que, pour qu'il y ait contrefaçon, il y ait atteinte portée aux droits du breveté, et l'on prétend que s'il n'y a pas eu, de la part du défendeur, exploitation commerciale de l'invention, il n'y a pas eu atteinte portée aux droits du breveté. Ainsi, l'inventeur d'un perfectionnement d'un brevet peut vouloir l'exécuter de toutes pièces non pour exploiter son invention mais pour en faire apprécier les avantages à l'auteur de l'invention principale. Un appareil d'essai et d'étude n'étant destiné à aucun usage, ne peut motiver une action en contrefaçon. Cass., 4 mai 1885. (*Ann. propr. ind.*, 85. 324)

92. Il ne faut pourtant pas exagérer cette idée que la contrefaçon n'existe que s'il y a atteinte aux droits du breveté; sinon, on arriverait à des conséquences erronées. Ainsi y a-t-il contrefaçon dans le fait de fabriquer un objet breveté en vue de s'en servir comme d'un modèle destiné à figurer dans une galerie ou dans tout autre local? Si cet objet est pareil à l'objet breveté et peut servir aux mêmes usages, il y a évidemment contrefaçon, mais s'il s'agit d'un modèle réduit qui ne peut être d'aucune utilité pratique, il n'y aura pas de délit, car c'est un simple dessin en relief qui ne peut nuire au breveté

93. On ne peut pas déclarer licite la fabrication d'objets semblables à ceux du brevet, même quand cette fabrication se produit à une date rapprochée de l'expiration du brevet et en vue de les vendre seulement au moment où les droits privatifs auront disparu. Car, comme le dit M. Blanc (*Inventeur breveté*, p. 344), ce que la loi punit, c'est le fait matériel de la fabrication et une telle fabrication porte atteinte aux droits du breveté puisqu'il y a atteinte au monopole d'exploitation concédé par la loi au breveté. Mais si cet industriel prouve qu'il n'a fait que des préparatifs, des essais de fabrication en vue du moment où le brevet aura pris fin, il devra être acquitté.

94. On a soutenu qu'il n'y a pas de contrefaçon dans le fait de celui qui, autorisé par le breveté à fabriquer des objets brevetés moyennant certaines conditions, ne remplit pas ces conditions, par exemple, ne paye pas la redevance fixée par la convention. Car, dit-on, d'après l'article 40 de la loi de 1844, c'est la fabrication elle-même qui est délictueuse ; or ici ce n'est pas le cas, puisqu'elle est le fait d'une personne autorisée, c'est le seul manquement aux engagements pris qui est répréhensible ; l'article 1382, C. C., est applicable, mais il n'y a pas lieu à répression pénale. (Blanc, p. 632.)

95. Il faut se prononcer pour l'opinion contraire ; la convention dont nous avons supposé l'existence, cesse d'avoir son effet et de protéger cette fabrication du moment où le tiers autorisé ne se conforme pas à ces conditions ; ce tiers commet le délit de contrefaçon exactement comme celui qui fabriquerait sans aucune autorisation. Pouillet, *Brev. d'inv.*, n° 740. — Cass. 23 février 1867. (*Ann. prop. ind.*, 69, 310.)

Mais on ne saurait punir comme contrefacteur celui qui a fabriqué sous certaines conditions qui restent à déterminer ; en ce cas on ne saurait relever à la charge du fabricant aucun fait répréhensible. Il a été décidé que, l'action en contrefaçon dirigée par le breveté contre un cessionnaire, qui a fait usage d'une licence expirée, n'est pas recevable alors qu'il résulte des circonstances de la cause que le breveté a autorisé, tacitement du moins, l'usage dont il s'agit, sous réserve d'un règlement de compte ultérieur. Cass., 10 janvier 1877. (S., 77. 1. 419.)

96. A raison même de l'usage auquel ils sont employés, les objets vendus par le breveté peuvent avoir besoin d'être réparés ; l'industriel qui se livre à une telle opération sans avoir obtenu l'autorisation du breveté, pourra-t-il être poursuivi pour contrefaçon ? On a prétendu qu'il ne faut pas « oublier qu'en achetant l'objet breveté, on n'a acquis le droit de s'en servir que pendant sa durée, car c'est l'objet matériel qui a été cédé, et non le droit incorporel ». (Blanc, p. 632.)

Il nous semble préférable de dire avec MM. Picard et Olin (*Traité des brev. d'inv. et de la contref.*, n° 580) que l'acheteur d'un objet breveté peut « en perpétuer l'usage au moyen de réparations intelligentes, faites en temps opportun, et qui, par l'époque où elles sont successivement produites, par leur importance individuelle, excluent l'idée de recomposer la machine ou un de ses organes qui n'appartiennent pas au domaine public ». Ainsi la fabrication de certaines pièces entrant dans la composition d'une machine brevetée et qui, prises isolément, sont tombées dans le domaine public, ne constitue pas le délit de contrefaçon, lorsque cette fabrication n'a pas pour objet de créer ou refaire la machine, mais seulement de fournir aux acheteurs de la machine des pièces de rechange en remplacement de celles qui se détériorent. Au contraire, se rend coupable de contrefaçon celui qui fabrique un des organes les plus considérables ou une des pièces essentielles de la machine brevetée pour l'adapter à l'objet breveté dont il est propriétaire.

97. Maintenant que nous avons exposé les règles qui s'appliquent, quel que soit l'objet de l'invention, nous allons parler des règles à suivre pour savoir s'il y a ou non contrefaçon suivant que le brevet a pour objet des produits nouveaux, ou des moyens nouveaux et des combinaisons nouvelles de moyens connus.

Si l'invention consiste dans un produit nouveau, il y a contrefaçon à fabriquer ce produit sans autorisation, alors même que l'on emploie des procédés autres que ceux décrits dans le brevet ; en effet, le droit privatif porte, non pas sur les moyens ou sur les combinaisons de moyens employés par l'inventeur, mais bien sur le produit pris en lui-même. Au contraire, lorsque l'invention a pour objet un moyen nouveau ou une combinaison nouvelle de moyens connus, il n'y a pas contrefaçon à obtenir le même produit, du moment où le procédé employé est différent ; en ce cas, le droit privatif porte uniquement sur le procédé. Enfin, lorsqu'un brevet porte à la fois sur un procédé et sur un produit, il y a contrefaçon de ce brevet

dans le seul fait de fabriquer des produits pareils au produit dudit brevet.

§ 2. — Des faits assimilés à la contrefaçon.

98. L'article 41 de la loi de 1844 frappe des mêmes
pénalités que la contrefaçon proprement dite, le recel, la
vente ou l'exposition en vente, ainsi que l'introduction
sur le territoire français d'objets contrefaits. Nous avons
vu précédemment que, d'après la jurisprudence, cette
énumération était limitative. Nous savons aussi que ces
faits ne sont punissables que s'ils ont été commis en connaissance de cause; la mauvaise foi est un élément nécessaire de ces délits, mais elle suffit pour les rendre
punissables ; ils existent quel que soit le mobile qui a fait
agir leur auteur. Il n'est pas besoin pour constituer le
délit, soit de recélé, soit d'introduction en France d'objets contrefaits que le fait incriminé ait été commis dans
un but de concurrence commerciale.

99. Chacun des délits prévus par l'article 41 existe
alors même qu'il n'est possible de relever contre l'inculpé
qu'un seul fait de recel, de vente, etc.; cette solution résulte des termes de cet article ; en effet, le législateur a
employé le mot « vente » au lieu du mot « débit » de l'article 427, C. P., et cette dernière expression semble entraîner l'idée d'habitude ou tout au moins signifie la répétition du même fait.

100. D'après la jurisprudence, les prévenus de recélé, de vente ou d'exposition en vente, etc., d'objets contrefaits, doivent être considérés comme complices du délit de contrefaçon et non comme ayant commis un délit distinct ; s'ils sont poursuivis en même temps que le contrefacteur, ils sont tenus solidairement avec lui de l'amende, des dommages-intérêts et des frais. Mais ce recéleur, ce vendeur ne peut répondre que de l'acte qui lui est personnel, qui le lie à l'auteur de la contrefaçon, mais non de tous les actes de même nature que le contrefacteur aura commis et à la suite desquels il se sera mis en rapport avec d'autres complices. Le contrefacteur principal sera condamné solidairement avec tous ses complices ; mais ceux-ci ne seront pas solidaires entre eux, ils ne sont pas complices d'actes qu'ils n'ont pas connus et qui sont des actes séparés, distincts des leurs propres. Le juge, en prononçant la condamnation, devra distinguer les actes imputables à chacun et ne devra pas comprendre indistinctement dans une même solidarité tous les complices au risque d'y comprendre des actes qui seraient sans relation entre eux. (Cass., 12 mai 1888, *Ann. prop. ind.*, 88-228.) Ainsi différents vendeurs ne peuvent être tenus solidairement entre eux, mais chacun d'eux sera tenu solidairement avec le fabricant pour les faits qui lui sont propres.

1⁰ Vente et exposition en vente d'objets contrefaits.

101. Il est nécessaire que la loi réprime la vente des objets contrefaits parce qu'elle est la cause des bénéfices du contrefacteur et le but même de la contrefaçon ; personne n'imite une invention pour sa seule satisfaction personnelle. Aussi tout fait de vente d'objets contrefaits, qui se produit en France, tombe sous l'application de l'article 41, même si la vente n'a eu lieu que pour l'exportation. Il suffit pour l'existence de ce délit, que la vente d'un produit semblable à un produit breveté en France, ait eu lieu en France alors même que ce produit semblable serait fabriqué à l'étranger, ne pénétrerait pas en France et ne devrait être livré qu'en dehors du territoire français. Trib. corr., Seine, 25 novembre 1882. (*Ann. prop. ind.*, 83. 67.)

102. La vente est punissable, en est-il de même du don, de la cession à titre gratuit d'un objet contrefait ? Deux systèmes sont en présence : l'un s'inspirant de la pensée de la loi considère le préjudice causé et déclare que le don d'un objet contrefait doit *a fortiori* être assimilé à la vente et puni de même. Dans l'autre système, on soutient que ce don n'est pas délictueux, il n'est pas compris dans l'énumération de notre article qui est limitative, et il ne peut exister de délit sans texte. Mais si le don d'un objet contrefait n'est pas punissable par lui-même, il est difficile de concevoir qu'il ait pu se réaliser sans qu'il y ait eu de la part de ceux qui y participent recel des objets contrefaits.

103. Nous ne donnerons pas la même solution pour l'échange d'un objet contrefait, cas qui n'est pourtant pas prévu par la loi; car ce contrat est par sa nature un contrat à titre onéreux, c'est une vente où le prix en argent est remplacé par une chose matérielle. Donc celui qui aura échangé un objet contrefait est aussi punissable que le vendeur.

104. La loi punit au même titre que la vente, l'exposition en vente; car l'exhibition des marchandises est le préliminaire de la vente. Mais qu'entend-t-on par ces mots « exposer en vente » ? D'après M. Bedarride (n° 567) c'est mettre les objets publiquement sous les yeux de ceux qui peuvent les acheter, mais non les placer dans un local où l'acheteur ne pénètre pas. M. Blanc pense qu'il y a exposition en vente dans le seul fait de posséder une marchandise contrefaite avec intention de la revendre, même quand elle serait soigneusement cachée. (*Invent. brev.*, n° 711.) C'est confondre l'exposition en vente avec le recel; on ne peut changer ainsi le sens du mot « exposition » qui ne peut être qu'une façon de mettre ses marchandises sous les yeux du public. En tout cas, cette controverse sur le sens du mot « exposition » est presque théorique, car si la détention clandestine de tels objets par un commerçant ne constitue pas une véritable exposition en vente, il est sûr que cette détention par une personne de mauvaise foi constitue toujours un fait de recel puni de la même peine.

105. Placer des objets contrefaits dans une exposition industrielle, c'est se rendre coupable du délit d'exposition en vente. Les industriels exposent pour vendre et vendent en effet quand l'acheteur se présente ; ils n'ont pas seulement pour but d'exciter l'admiration mais aussi de se créer ou d'augmenter leur clientèle. M. Pouillet (n° 711 *bis*) pense que les conditions d'une exposition peuvent être de telle nature qu'elles interdisent aux exposants de vendre, et dans ce cas la contrefaçon n'existerait pas. Cette solution ne peut être admise : le comité d'une exposition ne peut pas déclarer un produit inaliénable, il ne peut qu'interdire l'enlèvement des objets exposés ; la livraison de l'objet vendu sera seule retardée.

2° Introduction en France d'objets contrefaits.

106. La loi de 1844 défend au breveté, sous peine de déchéance de son droit privatif, d'introduire en France des objets similaires à ceux de son brevet fabriqués à l'étranger ; ce qu'elle ne permet pas au breveté, elle l'interdit à plus forte raison aux tiers, aussi elle autorise le propriétaire du brevet à poursuivre comme contrefaits les objets fabriqués à l'étranger en fraude de ses droits, et ensuite introduits en France. Ne pouvant atteindre la fabrication étrangère, la loi Française devait arrêter à la frontière ce qu'elle ne pouvait défendre.

107. Il peut même y avoir délit à introduire en France des produits licitement fabriqués à l'étranger. En effet si un inventeur a pris, pour un même produit, deux brevets, l'un en France, l'autre à l'étranger, l'introduction et la mise en vente en France par un tiers du produit fabriqué à l'étranger par l'inventeur ou ses ayants cause constitue, de la part de ce tiers, au regard du brevet français, l'introduction et la vente d'un objet contrefait au sens de l'article 41 de la loi de 1844. — Douai, 15 mai 1885. (S., 87. 2. 85.)

108. Cette solution n'a pas été admise par tous ; on a fait observer que la contrefaçon suppose toujours la fabrication du produit breveté par un tiers non autorisé, et il ne peut y avoir contrefaçon si c'est le breveté ou son ayant droit qui fabrique le produit ; on ajoute que la loi n'a pas dit introduction d'objets similaires à ceux qui sont l'objet du brevet français, mais introduction d'objets contrefaits. Or en matière pénale, les termes de la loi doivent être entendus d'une manière restrictive, et on ne peut substituer le mot similaire au mot contrefait.

109. Nous croyons, avec la majorité de la jurisprudence et de la doctrine, que l'introduction faite en France, sans la volonté du breveté, d'objets licitement fabriqués à l'étranger, constitue le délit prévu et puni par l'article 41 de la loi de 1844. Nous savons qu'il est interdit au breveté, à peine de déchéance de son droit, d'introduire en France des objets fabriqués à l'étranger et semblables à ceux qui sont garantis par le brevet, à plus forte raison cette introduction doit être interdite aux tiers, sans qu'il y ait à examiner si la fabrication a été faite dans le pays étranger en vertu d'un brevet régulièrement pris dans ce pays par l'inventeur breveté en France.

De plus cet inventeur, titulaire de ces deux brevets, a intérêt à s'opposer à l'introduction en France des objets fabriqués à l'étranger. Il a pu céder à des tiers l'exploitation du brevet pris à l'étranger, ou s'associer avec des tiers pour le faire valoir, tandis qu'il se réservait exclusivement l'exploitation du brevet pris en France ; dans ces conditions l'introduction et la vente en France des produits fabriqués à l'étranger, qui viennent faire concurrence aux objets par lui fabriqués en vertu du brevet français, portent atteinte à ses droits, et lui causent un préjudice dont l'article 41 lui permet de poursuivre la réparation. Et s'il n'use pas des droits que cet article 41 lui confère, s'il laisse des tiers introduire en France et mettre en vente ces produits licitement fabriqués à l'étranger, ses concurrents ne manqueront pas d'interpréter son inaction ou sa négligence dans l'exercice de ses droits comme un acte de collusion et demanderont aux tribunaux de prononcer la déchéance de son brevet édictée par l'article 32 de la loi de 1844 et la loi du 31 mai 1856.

110. Doit-on assimiler à l'introdution en France le transit par la France d'un objet contrefait ? La question est controversée. Pour soutenir qu'un tel fait est punissable en vertu de l'article 41, on fait remarquer que l'expression employée par le législateur est générale, et qu'on a voulu punir le fait d'introduction en lui-même, quelle que soit la destination de l'objet introduit. De plus on fait observer ce qu'il y a de contradictoire à permettre d'une part ce qu'on défend de l'autre, car la loi punit la contrefaçon toutes les fois qu'elle peut l'atteindre, elle ne peut donc la laisser échapper lorsqu'elle l'a à sa portée (Bozérian, *Propr. ind.*, n° 172. Blanc, p. 620).

111. Il semble cependant que le simple transit d'objets contrefaits à travers la France ne constitue pas le délit d'introduction. A l'appui de cette opinion, on rappelle la fiction légale qui, au point de vue des droits de douane, assimile la marchandise voyageant en transit à celle voyageant en dehors des frontières. De plus, ce que la loi a voulu punir dans l'introduction d'objets contrefaits c'est l'atteinte portée aux droits du breveté, c'est la concurrence que lui causera la mise en vente de ces objets contrefaits, mais en cas de transit, il n'y a pas de concurrence possible, partant pas de préjudice. Enfin, il serait injuste de punir un tiers faisant transiter en France des objets contrefaits, alors que le breveté n'encourrait certainement pas la déchéance de son brevet, s'il introduisait en transit des objets similaires à ceux de son brevet fabriqués à l'étranger.

112. Mais cette introduction en transit peut, à raison de ce qu'elle facilite les erreurs sur la provenance des marchandises, causer sur le marché étranger un certain dommage au breveté; le breveté pourrait donc actionner le contrefacteur en dommages-intérêts en fondant sa demande sur les articles 1382 et 1383, C. C. D'après cette opinion, l'introduction en transit d'objets contrefaits ne serait plus un délit pénal assimilé à la contrefaçon, mais un délit civil. Rouen, 12 févr. 1874 (S., 74. 2. 281, note de M. Lyon-Caen).

113. Il ne faudrait pas étendre ce qui vient d'être dit du simple transit au dépôt en douane ou dans les entrepôts, des objets argués de contrefaçon ; en ce cas, rien ne s'oppose à ce que l'on considère qu'il y a eu introduction en France. La fiction légale d'exterritorialité pour les objets consignés en douane n'existe qu'au point de vue de la non-perception immédiate des droits d'entrée, mais non au point de vue du Droit civil ou pénal.

114. L'introduction en France d'objets contrefaits est répréhensible alors même qu'ils doivent figurer dans une exposition internationale. Pour soutenir le contraire, on a fait valoir que le sol des locaux affectés à une exposition internationale doit être considéré comme neutre ou du moins comme ayant le caractère national des produits qui y sont exposés, et que l'article 41 n'est applicable qu'au fait accompli sur le territoire français, et que de plus ces objets exposés doivent être considérés comme circulant en transit, cas où ne s'applique pas l'article 41. Mais nous savons que la loi punit dans l'introduction, le fait matériel indépendamment du but dans lequel elle est faite, même s'il n'y a point mise en vente, même si l'introducteur destinait les objets contrefaits à son usage personnel. De plus, on ne peut pas dire que les objets

introduits dans un entrepôt, tel est le cas d'une exposition, ne sont pas entrés sur le territoire français, nous
venons de voir que cela n'est exact qu'au point de vue des
droits de douane. En tous cas, s'il n'y avait pas délit d'introduction dans le fait d'exposer des objets contrefaits, il y aurait certainement délit d'exposition en vente.
(M. Lyon-Caen, *J. de Dr. internat. priv.*, année 1878,
p. 17).

3° Recel et usage d'objets contrefaits.

115. La loi de 1844 ne donne aucune définition du
recel ; mais on est d'accord pour dire que le recel est le
fait de celui qui détient sciemment un objet contrefait.
« Les seules conditions du recel, dit M. Blanc, (p. 618,)
sont la détention matérielle et la connaissance que l'objet
détenu provient d'un délit. » Mais on ne peut faire con-
sister le recel dans le fait d'acheter un objet contrefait pour
l'employer à un usage commercial ; (Nouguier, n° 800),
la généralité des termes de l'article 41 interdit de distinguer entre les commerçants et les non-commerçants ;
les uns et les autres peuvent être considérés comme des
recéleurs.

116. En frappant le recel, la loi permet d'atteindre un
certain nombre de faits qui resteraient impunis sans
cette disposition, ainsi l'usage personnel accompagné de
mauvaise foi. Nous avons vu que la jurisprudence consi-

dère comme constitutif de la contrefaçon proprement dite
les faits d'usage commercial, et ne permet pas à ces
commerçants d'invoquer leur bonne foi.

117. De plus en défendant le recel, la loi de 1844 permet
de poursuivre l'acheteur de mauvaise foi d'un objet contrefait, car la détention de l'objet et la connaissance qu'il a
de la contrefaçon en font un recéleur. « Ceux qui achètent
sciemment un objet contrefait pour l'appliquer à leur
usage personnel sont les recéleurs les plus redoutables
pour la propriété industrielle, parce qu'ils sont les consommateurs et que leur impunité réduirait à néant les
droits du breveté (Blanc, p. 619).

118. Supposons qu'un ouvrier a fabriqué l'objet du
brevet sur la commande du titulaire du droit primitif et
que n'étant pas payé, il ait vendu le produit de son travail ; en vendant l'objet breveté l'ouvrier ne se rend pas
coupable du délit prévu par l'article 41 de la loi de 1844.
Car, d'après la jurisprudence, le vendeur n'est puni que
comme complice, et pour qu'il y ait un complice, il faut
qu'il y ait un auteur principal du délit, et dans notre cas
il ne peut pas y en avoir, le breveté ne peut pas être son
propre contrefacteur. Mais, si cette vente de l'objet
breveté faite par l'ouvrier non payé est licite, elle n'emporte pas au profit de l'acheteur le droit de faire usage
de l'objet ; vente et usage sont deux faits distincts et
indépendants l'un de l'autre. Le plus souvent l'acheteur
sera de mauvaise foi et il pourra être poursuivi comme
recéleur. La solution est la même, si la vente a eu lieu

par autorité de justice sur la poursuite d'un créancier du breveté.

119. Mais, si cet ouvrier non payé, au lieu de vendre le produit de son travail, c'est-à-dire l'objet du brevet, se sert de cet objet, il se rend coupable de contrefaçon ; car il n'a pas obtenu le consentement tacite ou exprès du breveté, l'usage qu'il fait de cet objet est donc illicite, et de plus il est certainement de mauvaise foi. De même l'objet breveté donné en gage ou en dépôt ne peut être employé ; le gagiste et le dépositaire, en en faisant usage, violent et la loi du contrat et la loi spéciale sur les brevets.

4° De la complicité de l'ouvrier de l'inventeur qui s'associe avec un concurrent de son patron.

120. La loi de 1844 dans son article 43 envisage deux espèces où elle se montre plus sévère que pour les contrefacteurs ordinaires. Dans la première, c'est l'ancien ouvrier du breveté qui est lui-même l'auteur de la contrefaçon ; quand il est établi que le contrefacteur a été ouvrier ou employé chez le breveté, il est passible de l'aggravation de peine prévue par la loi de 1844. Mais, à cette double condition : il faut que le contrefacteur ait été ouvrier ou employé chez le breveté à l'époque même où celui-ci exploitait son brevet et qu'il ait été employé à cette fabrication. La qualité d'ancien ouvrier du breveté crée une présomption de culpabilité spéciale, présomption qui, dans la plupart des cas, équivaudra à une preuve, mais qui pourra et devra s'effacer devant la preuve contraire.

121. La seconde espèce prévue par l'article 43 est celle-ci : le contrefacteur « s'est associé avec un ouvrier ou un employé du breveté et a eu connaissance, par ce dernier, des procédés décrits au brevet ; dans ce cas, l'ouvrier ou l'employé peut être poursuivi comme complice ».

Disons d'abord qu'il ne faut pas comprendre l'association du contrefacteur et de l'ouvrier comme une société commerciale ; la loi entend dire accord, entente, concert établi entre eux en vue de la contrefaçon. Il nous faut maintenant déterminer le sens de ces mots : « Si le contrefacteur a eu connaissance par l'ouvrier des procédés décrits au brevet ». M. Nouguier (n° 555) pense que c'est la révélation de l'objet du brevet avant sa délivrance ; aussitôt délivrés, les brevets sont publiés et mis à la diposition du public, il ne peut donc plus y avoir de divulgation puisque chacun peut avoir connaissance de l'invention. Pourtant M. Pouillet (*Brev. d'inv.*, n° 719) pense qu'il ne faut pas faire cette distinction que la loi n'a pas cru devoir faire ; la loi suppose que l'ouvrier ou l'employé qui aura travaillé chez le breveté connaîtra mieux la fabrication que ceux qui l'auront apprise seulement dans le brevet, et la concurrence sera plus redoutable. A son avis, la disposition de l'article 43 sera applicable, même si le contrefacteur ne s'est concerté avec l'ancien ouvrier qu'après avoir commencé la fabrication de l'objet contrefait, s'il est démontré que c'est l'ancien ouvrier qui a apporté au contrefacteur la connaissance complète, pratique des procédés décrits par le brevet. C'est le bénéfice de l'expérience acquise au breveté que le législateur a interdit aux ouvriers d'aller porter aux contrefacteurs.

En terminant, disons que la jurisprudence a eu bien rarement l'occasion de statuer sur des poursuites basées sur ce texte.

SECTION II

De la contrefaçon en matière de marques de fabrique ou de commerce et des autres délits qui y sont assimilés.

§ 1. — De la contrefaçon et de l'imitation frauduleuse des marques de fabrique ou de commerce.

122. On entend par contrefaçon d'une marque de fabrique ou de commerce, la fabrication même de cette marque, l'exécution matérielle en dehors de tout emploi, de toute apposition sur une marchandise. Sous l'empire de la loi du 22 germinal an XI, il avait été décidé que le crime de contrefaçon de marques ne pouvait exister que si ces marques avaient été contrefaites et appliquées à des objets qui leur étaient étrangers. Mais, depuis la loi du 23 juin 1857, il n'est plus nécessaire pour qu'il y ait contrefaçon, qu'il y ait eu apposition de la marque sur des produits ou marchandises. En effet, l'article 7 de cette loi, qui punit ceux qui ont contrefait une marque de fabrique ou fait usage d'une marque contrefaite, prévoit deux faits distincts et indépendants l'un de l'autre : la contrefaçon et l'usage de la marque contrefaite. Il suffit donc pour constituer la première infraction, que la marque d'autrui ait été contrefaite, par exemple qu'elle ait été fabriquée sur commande par un industriel, sans qu'il soit nécessaire qu'elle ait été en outre apposée sur un produit similaire à celui vendu par le propriétaire de la marque, fait qui constituerait la deuxième infraction prévue par l'article 7 de la loi de 1857.

Il suffit pour constituer le délit de contrefaçon que des marques contrefaites aient été fabriquées; il n'est même pas nécessaire que les étiquettes aient été entièrement terminées, si, lors de la saisie, elles étaient suffisantes pour tromper l'acheteur. Mais il faut aussi tenir compte de cette idée qu'en matière de contrefaçon de marques, la tentative n'est pas punissable. Aussi il a été jugé que la simple détention de pierres lithographiques pouvant servir à l'impression d'étiquettes contrefaites ou même d'une feuille d'épreuve de ces étiquettes ne saurait à elle seule constituer le délit de contrefaçon. Paris, 2 mars 1888. (*Ann. propr. ind.*, 94. 285.)

123. Nous venons de voir que c'est la fabrication même de la marque qui, par elle-même, constitue le délit de contrefaçon, il suffira donc, pour constituer le délit,

que la marque ait été usurpée d'une manière quelconque
sans qu'il soit nécessaire qu'elle ait été en outre apposée
ou destinée à être apposée sur un produit similaire à celui vendu par le propriétaire de la marque ; ainsi si la
marque incriminée est reproduite sur des albums, sur
des factures, etc., ces imitations tombent sous le coup de
la loi pénale. Ainsi la Cour de cassation a décidé que la
reproduction d'une marque de fabrique dans un prospectus constitue un délit tombant sous le coup de la loi du
23 juin 1857. Cass., 22 janvier 1892. (S , 92. 1. 221.) A
l'appui de cette solution, on a. fait remarquer que l'article 1er de cette loi, qui énumère les différents signes pouvant être employés comme marques de fabrique, est rédigé dans les termes les plus généraux et qu'il n'exïge
pas, comme condition constitutive du délit, que la marque
usurpée soit apposée ou destinée à être apposée sur les
produits livrés au public.

124. On a pourtant soutenu qu'en principe la reproduction d'une marque dans un prospectus, dans un al-
bum, sur une facture ne peut pas constituer une contrefaçon ; car, une imitation ainsi apposée ne peut pas
rentrer dans les termes de l'article 7 de la loi de 1857,
qui, prévoyant le cas de contrefaçon de marques, suppose
que la reproduction constitue elle-même une marque ; et
si la contrefaçon existe indépendamment de tout usage,
il faut bien admettre qu'il y ait eu fabrication d'une
marque véritable, ce qui n'existe pas lorsque la marque

litigieuse ne figure que sur des prospectus, circulaires ou autres papiers de commerce.

125. En tous cas, la reproduction de la marque par un concurrent dans un prospectus ou dans une annonce peut donner lieu à une action en dommages-intérêts de la compétence des tribunaux civils. De même, il faut admettre que, s'il y a concurrence déloyale, il n'y a pas contrefaçon à choisir comme enseigne la marque d'un concurrent, car une marque et une enseigne sont deux propriétés différentes; en effet, une marque sert à distinguer les produits d'un établissement, tandis qu'une enseigne sert à distinguer l'établissement lui-même.

126. Nous croyons aussi que c'est un fait de concurrence déloyale l'acte d'un négociant qui usurpe verbalement la marque d'autrui en vendant ses produits; car « une marque est avant tout un signe matériel, c'est l'usurpation, sous une forme matérielle, la mise sous les yeux du public de ce signe destiné à le tromper qui fait le délit ». (Pouillet, *Marq. de fab.*, n° 164).

127. Puisque c'est la fabrication elle-même des marques illicitement reproduites qui constitue la contrefaçon, le délit existe alors même que les marques incriminées sont apposées ou sont destinées à être apposées sur des marchandises d'une nature différente de celle des objets fabriqués ou vendus par le propriétaire de la marque usurpée, alors même que ces produits ne peuvent être confondus entre eux. Douai, 8 déc. 1885 (*Ann. prop. ind.*, 93. 357.)

128. L'imitation d'une marque française réalisée en France par un français ou un étranger constitue une contrefaçon, alors même que les produits sur lesquels ont été apposées les marques contrefaites étaient destinés à être vendus en pays étranger. Car il ne faut pas confondre le lieu où le délit est consommé avec le lieu où le délit doit amener le résultat frauduleux recherché par l'inculpé. Au contraire, l'usurpation d'une marque française commise à l'étranger par un étranger ne constitue pas un véritable délit, mais l'acte n'en conserve pas moins un caractère répréhensible au regard de la loi française, et on comprend que, par application de l'article 1131, C. C., on ait décidé que le fabricant étranger est non recevable à agir devant les tribunaux français pour réclamer le prix des marchandises contrefaites qu'il a expédiées en France, Paris, 16 juill. 1856. (*Ann. prop. ind.*, 56. 215.)

129. Mais si c'est un Français qui usurpe à l'étranger une marque française, il sera passible des peines édictées par la loi de 1857, en vertu de l'article 5 du C. P., modifié par la loi du 27 juin 1866, si la contrefaçon de marques est un délit dans la loi du pays où elle a été commise.

130. Nous avons vu précédemment qu'il pouvait y avoir contrefaçon bien qu'il n'y ait pas reproduction complète et intégrale de l'objet imité; nous avons vu qu'il en était ainsi en matière de marques de fabrique et que le législateur s'était occupé, à côté de la contrefaçon, de l'imitation frauduleuse de marque de nature à tromper l'acheteur.

Si la possibilité d'une confusion est un élément du délit il ne faut pas en conclure que la poursuite n'est possible que si l'on a relevé certains faits de confusion ; l'éventualité d'une erreur possible suffit pour que les peines prévues par l'article 8 soient applicables.

131. Nous avons vu aussi que le délit d'imitation n'était atteint par la loi pénale que si la marque était usurpée dans ses caractères essentiels ; en tous cas, le fabricant peut poursuivre par une action en dommages-intérêts tous ceux qui s'approprient, en tout ou en partie, les éléments dont se compose sa marque de fabrique. Car la juridiction civile subsiste, la marque constitue une propriété privative protégée par la loi, et le titulaire de ce droit peut s'en réserver l'usage exclusif, en interdire l'emploi, même en dehors d'une confusion ou d'un préjudice.

**§ 2. — Des délits autres que l'imitation frauduleuse
qui sont assimilés à la contrefaçon des marques de fabrique
ou de commerce.**

132. En dehors de la contrefaçon et de l'imitation frauduleuse, la loi de 1857 prévoit et réprime certaines infractions qu'il nous reste à étudier. Toutefois nous laisserons de côté, comme ne rentrant pas dans notre sujet, les délits prévus par l'article 8, 2° et 3° de la loi ; ces délits consistent dans l'usage d'une marque portant des indications propres à tromper l'acheteur sur la nature du produit, et dans la vente ou la mise en vente de marchandises revêtues d'une semblable marque.

Nous avons à nous occuper de l'usage des marques contrefaites ou frauduleusement imitées, de l'apposition d'une marque appartenant à autrui, de la vente ou de la mise en vente des marques contrefaites, frauduleusement apposées ou imitées. Nous rappellerons que la théorie de la complicité s'applique en matière de contrefaçon de marques de fabrique et sert à atteindre le recel des objets faussement marqués.

Enfin nous étudierons dans la section relative à la contrefaçon en matière de noms commerciaux l'article 19 de la loi de 1857 qui s'occupe de l'introduction en France d'objets faussement marqués. Ce texte, qui concerne l'usurpation des noms commerciaux aussi bien que l'usurpation des marques, a été fréquemment employé pour réprimer les emprunts illicites des noms de localité.

133. Les dispositions de la loi de 1857, punissant l'usage d'une marque contrefaite ou imitée, permettent d'atteindre ceux qui commandent des marques frauduleuses et les font apposer ou les apposent sur des produits de leur commerce ou de l'industrie. Même en l'absence d'un texte formel, il eût été possible de considérer de tels faits d'usage comme une contrefacon ou une imitation frauduleuse. D'ailleurs il est difficile de concevoir un délit d'usage qui ne constitue pas en même temps un des autres délits de la loi de 1857 ; il y aura presque toujours en même temps délit d'usage et délit de mise en vente. Cass., 5 mai 1882 (S., 84. 1. 453). Pourtant il a été jugé qu'il y avait délit d'usage et non délit de mise en vente de la part du négociant qui exhibe des produits revêtus d'une marque contrefaite dans une exposition publique, alors que ces produits ne sont pas destinés à être vendus. Trib. corr. Bordeaux, 5 février 1886. (*Ann. propr. ind.*, 87. 258.)

134. L'article 7, 2° de la loi de 1857 punit « ceux qui ont frauduleusement apposé sur leurs produits ou les objets de leur commerce une marque appartenant à autrui ». Cette disposition de la loi permet d'atteindre « le fait de celui qui s'est procuré la marque véritable d'une autre personne, et s'en est servi pour marquer ses produits » (explications données par le rapporteur de la loi au Corps législatif, Pouillet, *Marq. de fabr.*, n° 881). Il était utile de prévoir ce délit ; car dans notre cas il n'y a pas de contrefaçon, on ne copie rien, on use de la marque véritable, et la fraude est d'autant plus dange reuse que le consommateur ne voit sur la marque aucune différence qui éveille son attention.

Certains commerçants ou industriels achètent ou se procurent des récipients, des flacons, enveloppes, etc., employés comme signes distinctifs par leurs concurrents, y placent leurs propres marchandises et les remettent ainsi dans le commerce sous une marque qui n'est pas la leur; le fait tombe aussi sous l'application de l'article 7, 2°. Paris, 26 juillet 1894. (*Ann. propr. ind.*, 95, 31.)

135. Nous avons précédemment parlé de la vente et de l'exposition en vente des objets contrefaits d'un produit breveté ; les mêmes remarques sont vraies, en principe, pour la vente et la mise en vente des objets revêtus de marques contrefaites, frauduleusement apposées ou frauduleusement imitées. Nous nous contenterons de faire remarquer que la loi de 1844 punit l'exposition en vente des objets contrefaits, et que la loi de 1857 frappe la mise en vente de semblables objets. Cette différence de rédaction a pour but d'atteindre ceux qui, sans rien mettre en vente, auraient dans leurs magasins des marchandises revêtues d'une marque contrefaite et destinées à être vendues. Il a été pourtant jugé qu'un simple entrepositaire contre lequel on n'établit aucun fait de vente doit être mis hors de cause. Lyon, 1895. (*Ann. propr. ind.*, 96-220.)

Section III

De la contrefaçon en matière de noms commerciaux et des autres délits y assimilés.

136. Aux termes de l'article 1ᵉʳ de la loi du 28 juillet 1824, « quiconque aura, soit apposé, soit fait apparaître par addition, retranchement ou par une altération quelconque, sur des objets fabriqués, le nom d'un fabricant autre que celui qui en est l'auteur, ou la raison commerciale d'une fabrique autre que celle où lesdits objets auront été fabriqués, ou enfin le nom d'un lieu autre que celui de la fabrication, sera puni des peines portées en l'article 423, C. P., sans préjudice des dommages-intérêts, s'il y a lieu.

« Tout marchand, commissionnaire ou débitant quelconque, sera passible des effets de la poursuite, lorsqu'il aura sciemment exposé ou mis en vente ou mis en circulation des objets marqués de noms supposés ou altérés. »

137. La loi de 1824 ne punit pas l'usurpation du nom, usurpé d'une façon quelconque; la loi de 1824 ne considère le nom qu'à un point de vue purement industriel. L'emploi d'un nom, sous une autre forme que celle de l'apposition sur des objets fabriqués, par exemple sous forme de prospectus, de réclames, d'enseigne, ne constitue pas le délit prévu par la loi de 1824; ce n'est qu'un acte de concurrence déloyale, donnant ouverture à une action en réparation de dommages basée sur l'article 1382, C. C. De même, un particulier, qui n'est pas fabricant, ne peut s'appuyer sur les dispositions de la loi de 1824 pour s'opposer à ce qu'un tiers fasse usage de son nom dans son industrie.

138. De même, l'indication, sur des produits, d'un nom autre que celui de la fabrication véritable ne tombe sous l'application de la loi de 1824 que si, dans le lieu dont le nom est mensongèrement indiqué, il existe des fabricants se consacrant à la confection des objets faussement marqués. Car la loi de 1824 n'a été édictée que pour protéger les fabricants et par suite les noms des localités où il y a des fabricants ; une localité ne pourra pas, en s'appuyant sur cette loi, empêcher tout emploi de son nom par un étranger.

139. Des expressions employées par le législateur « fabricants, objets fabriqués, fabriques, fabrications », la jurisprudence a conclu que la loi de 1824 ne s'appliquait pas au cas d'usurpation du nom d'un commerçant. Car cette loi, étant une loi pénale, doit être interprétée restrictivement. Orléans, 20 février 1882 (P. 82. 1. 976 et la note de M. Lyon-Caen). Paris, 29 juin 1882 (P. 82. 1. 989 et la note de M. Lyon-Caen). Ceux qui usurpent les noms des commerçants, dont la loi ne parle pas, ne peuvent être frappés à l'égal de ceux qui reproduisent illégalement les noms des fabricants ; les lois pénales ne peuvent être étendues par analogie.

On a contesté cette solution en disant qu'après l'achat des marchandises, le commerçant prend les lieu et place du fabricant, mais cette substitution n'est pas indiquée dans la loi. On ajoute encore : la preuve que le nom du commerçant est protégé à l'égal de celui du fabricant, c'est que la loi de 1857, qui s'occupe du commerçant comme du fabricant, déclare que le nom en dehors de toute forme distinctive, reste protégé par la loi de 1824. (Pouillet, *Marq. de fabr.*, n° 423.) Mais on ne peut trouver dans une loi de 1857 l'interprétation d'une loi de 1824, et d'ailleurs aucun article de la loi de 1857 ne renvoie à la loi de 1824.

Il faut donc admettre que les commerçants ne sont protégés, au point de vue pénal, contre l'usurpation de leur nom, que s'ils ont pris soin de lui donner une forme matérielle distinctive et de le déposer à titre de marque de commerce.

140. Les produits agricoles, lorsqu'ils ont subi une certaine manipulation, passent de la catégorie des produits naturels dans celle des produits fabriqués. Ainsi les propriétaires de vignes doivent jouir, pour les vins provenant de leur récolte, de la protection que la loi de 1824 accorde aux fabricants d'objets manufacturés.

141. La loi de 1824 peut aussi s'appliquer au cas où l'usurpation porte sur le nom d'un auteur ou d'un artiste que l'on supprime de ses œuvres, ou que l'on fait figurer à tort sur des œuvres émanant d'autrui, à la condition toutefois que l'objet artistique revêtu d'un faux nom soit un produit industriel fabriqué. D'ailleurs, une loi récente du 9 février 1895 a été élaborée en vue de réprimer les fraudes en matière artistique.

142. La loi de 1824 ne protégeant que les noms des fabricants, les initiales de ces mêmes noms, les chiffres, pris comme signes distinctifs, ne sont protégés contre les usurpations que si ces marques ont été déposées conformément à la loi de 1857.

143. La loi de 1824 prévoit aussi l'usurpation des noms de lieu de fabrication : et il faut entendre par lieu

de fabrication non seulement la ville même où se fabri-
quent les produits mais toute la région avoisinante. C'est
ce que la jurisprudence a décidé pour les draps de Sedan.
Le droit de se servir du nom d'un lieu de fabrication
appartient non seulement à celui qui le premier en a fait
usage, mais à tous ceux qui sont établis dans le pays,
même au fabricant qui n'est venu s'y établir que pour
faire une concurrence plus directe aux industriels du
pays.

144. De plus la loi de 1824 ne protège pas seulement
les fabricants, mais aussi les consommateurs trompés par
les manœuvres frauduleuses d'une personne, qui présente
comme sortis de ses ateliers ou de ses usines des objets
qui ont été fabriqués par un de ses concurrents, et sur
lesquels il a indiqué son nom au lieu et place de celui qui
précédemment y figurait. Paris, 9 août 1894. (*Gaz. Pal.*,
94. 2. 323.)

145. Pour l'existence du délit puni par la loi de 1824,
il faut que le nom usurpé ait été apposé sur un objet fabriqué, mais il n'est pas nécessaire que l'apposition du
nom usurpé ait eu lieu sur la marchandise elle-même, il
suffit que le nom illicitement reproduit figure sur l'enveloppe ou sur l'étiquette de l'objet vendu. Le législateur
ne pouvait avoir cette exigence, sinon il aurait exclu de
la protection de la loi tout produit liquide, en un mot
tout produit qui ne peut être vendu sans être contenu
dans une enveloppe. Il nous semble toutefois que les
peines de la loi de 1824 ne pourront être appliquées à

celui qui emploie les prospectus d'un concurrent pour vendre un produit similaire.

146. Il n'est pas nécessaire que le nom usurpé ait été identiquement copié pour que le délit existe ; peu importe que le nom usurpé soit accompagné d'un prénom autre que le véritable, qu'une lettre ait été substituée à une autre, ou que le nom soit légèrement défiguré, tout en gardant son aspect général et sa principale consonnance. Il est interdit aussi d'employer un nom qui n'est pas tombé dans le domaine public en le faisant précéder des mots « façon de... » ou « système de... » ; de deux choses l'une : ou le nom est devenu l'appellation nécessaire du produit et s'y est étroitement incorporé, alors le droit appartient à tous d'employer le nom directement sans formule qui atténue ou dissimule l'usage. Sinon, nul n'a le droit de se servir de ce nom même avec des formules plus ou moins adoucies. D'ailleurs la loi de germinal an XI, considérait la marque contrefaite quand on y avait inséré ces mots « façon de ... » et à la suite le nom d'un autre fabricant ou d'une autre ville ; or la loi du 1824 a eu pour objet de modifier la peine applicable à l'usurpation de nom, elle n'a nullement dérogé à loi de germinal en ce qui concerne la détermination du caractère constitutif de cet acte.

147. Pour que la loi de 1824 soit applicable, il faut que l'emploi du nom ait lieu par une personne qui n'a pas droit à son usage ; un fabricant à raison de l'homonymie ou d'une cession régulière peut licitement faire usage de ce nom. Mais il peut y avoir délit de supposition de nom, si celui qui, portant réellement ce nom, vient à l'employer dans un commerce dont il n'est que le prête-nom des véritables intéressés, car il a agi par fraude.

148. A côté du délit principal d'apposition de nom, la loi de 1824 prévoit l'exposition ou mise en vente ainsi que la mise en circulation d'objets marqués de noms supposés ou altérés. Bien que la loi ne parle textuellement que de l'exposition en vente, il est évident, et cela résulte des mots qu'elle emploie, marchand, débitant, qu'elle atteint également la vente ; d'ailleurs la vente ne peut être impunie puisque la simple mise en vente est frappée par la loi.

149. Le législateur en disant que la vente ou la mise en circulation d'objets marqués de noms supposés ou altérés « sera passible des effets de la poursuite » n'a pas voulu permettre le débit en France des objets fabriqués à l'étranger sous un nom supposé ; pourtant, dit-on, pour être répréhensibles, de tels faits doivent intervenir à la suite d'une usurpation de nom réalisée en France, puisque, dans le cas contraire, le fait principal n'étant pas punissable d'après la loi française, le débitant ne saurait être passible d'une poursuite que n'a pas eu et ne peut avoir lieu. Les expressions de la loi sont peut-être le fruit d'une rédaction irréfléchie ; mais le débit est tout à fait distinct de la fabrication, et en admettant même qu'il doive être considéré comme un acte de complicité du délit principal, il n'est pas douteux que le complice peut être poursuivi et puni indépendamment de l'auteur principal. Le législateur n'a certainement pas voulu permettre que les objets d'une fabrication délictueuse commise à l'étranger puissent librement se débiter en France.

150. Par la mise en circulation de marchandises portant de fausses indications d'origine, on entend le fait de faire circuler en France, d'introduire en France des marchandises étrangères portant des marques frauduleuses ou de fausses indications de lieu de fabrication ; dès que cette marchandise a touché le sol français, même au cas où la circulation n'a lieu qu'en transit pour une expédition à l'étranger, il y a délit. D'ailleurs la *loi de 1857* a éclairci et complété sur ce point la loi de 1824; l'*article 19* de cette loi est ainsi conçu :

« Tous produits étrangers portant soit la marque, soit le nom d'un fabricant résidant en France, soit l'indication du nom ou du lieu d'une fabrique française, sont prohibés à l'entrée et exclus du transit et de l'entrepôt, et peuvent être saisis en quelque lieu que ce soit, soit à la diligence de l'administration des douanes, soit à la requête du ministère public ou de la partie lésée. »

Avant la loi de 1857, on discutait si la loi française ne devait pas respecter le transit d'une marchandise venant de l'étranger et traversant la France sous le couvert d'une marque française frauduleusement apposée; la jurisprudence, s'appuyant sur le texte de la loi de 1824 qui interdit la mise en circulation de tels produits, avait décidé que ce texte s'appliquait d'une façon générale à toute circulation. La loi de 1857, en consacrant cette jurisprudence, a décidé que les marchandises étrangères revêtues d'une marque ou d'un nom français peuvent être saisies en entrepôt ou en transit. En effet les fabricants étrangers qui usurpent les marques françaises ont intérêt à faire traverser la France par leurs marchandises ; du voyage il résulte comme un certificat d'origine qui ajoute à l'authenticité de la marque, la loi ne pouvait tolérer cette fraude.

151. Il faut nous demander s'il y a un fait répréhensible de la part du négociant français qui s'adresse à une fabrique étrangère et fait apposer sur les marchandises, destinées à être importées en France, le nom du lieu où, dans ce pays, il est lui-même établi, ou sa propre marque.

152. Jusque dans ces derniers temps, on semblait d'accord pour admettre que la loi française n'avait pas entendu interdire au fabricant français l'apposition de son nom ou de sa marque sur des marchandises fabriquées pour lui à l'étranger ; les acheteurs ne sont pas trompés, car ils reçoivent des produits revêtus de la marque qu'ils désirent, peu leur importe où ont été fabriquées ces marchandises. Pourtant si les acheteurs ne sont pas trompés, il y a certainement violation du droit que possèdent les négociants d'une localité déterminée d'être seuls à marquer du nom de cette localité les produits qui y ont été effectivement fabriqués.

153. A la suite d'un arrêt de la Cour de cassation (Cass., 9 avril 1864, S., 64. 1. 245) qui décidait que l'article 19 de la loi de 1857 ne pouvait s'appliquer aux marchandises étrangères sur lesquelles des noms et des marques françaises avaient été apposés par ordre ou avec le consentement du propriétaire de la marque, l'administration des douanes permit l'introduction en France de telles marchandises. Mais la Cour de cassation admettait qu'il y avait délit à introduire en France des marchandises étrangères, lorsqu'elles portent le nom d'une ville française renommée pour leur fabrication, alors même qu'elles seraient adressées à un négociant établi dans cette localité ; il faut donc faire une distinction. Ainsi tombe sous le coup de la loi française le négociant habitant en France qui, ayant fait apposer sur des pièces de drap fabriquées à l'étranger le nom d'un lieu autre que celui de leur fabrication, le nom de Sedan, par exemple, se les fait expédier en France (Cass., 27 févr. 1880, S., 80. 1. 386). Au contraire, on ne saurait faire application de la loi de 1824 et de l'article 19 de la loi de 1857 au négociant domicilié à Paris où il exerce son commerce, qui fait fabriquer à l'étranger des produits revêtus de la mention « Paris » alors d'ailleurs que cette localité n'est point renommée pour la fabrication de semblables objets.

154. En 1886, une circulaire du directeur des douanes décida qu'à l'avenir tous les produits venant de l'étranger et portant soit la marque, soit le nom d'un fabricant français, soit enfin une mention quelconque, pouvant faire supposer que lesdits produits seraient de provenance française, seront saisis conformément à l'article 19 de la loi de 1857. Mais on peut dire que la jurisprudence conserva son interprétation et ne valida les saisies que si le nom usurpé était celui d'une localité connue pour la fabrication des produits, de la nature de ceux sur lesquels figurait le nom litigieux. Ainsi, dans un cas où, sur des verres de lampe importés d'Allemagne, on avait, à la demande de commerçants français, gravé le mot « Besançon », le tribunal correctionnel de Nancy a renvoyé le prévenu des fins de la plainte, après avoir constaté « qu'il n'existait aucune fabrique de verres de lampes, ni même aucune verrerie à Besançon ou dans la banlieue de cette ville ». Trib. corr. Nancy, 14 avril 1886 (*Ann. propr. ind.*, 88. 84); Toulouse, 8 déc., 86 (*Ann. dr. comm.*, 87. 2. 120); Cass., 3 avril 1887 (S., 90. 1. 429).

155. La jurisprudence paraissait être fermement fixée dans le sens du système que nous venons d'indiquer, lorsqu'un arrêt récent de la Cour de cassation est venu décider que la disposition de l'article 1er de la loi de 1824, qui, en vue de maintenir et de protéger la loyauté du commerce, prohibe l'apposition sur un produit fabriqué d'un nom, d'un lieu autre que celui de la fabrication, est générale et absolue, et s'applique à toute usurpation de nom dans le but de tromper l'acheteur sur l'origine du produit vendu ou mis en vente. Il importe peu que le lieu désigné ait ou non une notoriété particulière au point de vue industriel. Cass., 23 janv. 1892 (S., 92. 1. 169).

Depuis cet arrêt les tribunaux se sont prononcés dans le même sens. Toulouse, 25 mai 1894 (*Rev. prat. de dr. industr.*, 94. 252).

156. Parfois les négociants établis en France, qui désirent donner à des marchandises étrangères l'apparence de marchandises françaises, ne font pas apposer sur ces produits une marque véritable, c'est-à-dire un nom ou un lieu réel, mais ils se contentent de fabriquer une marque ayant l'apparence d'une marque française, d'adopter un nom français avec l'indication d'un lieu imaginaire qu'ils font suivre du mot « France », ou enfin ils font figurer sur leurs produits des mentions en langue française de nature à faire croire qu'elle est d'origine française. La jurisprudence et la doctrine ont toujours été d'accord pour condamner une telle pratique.

157. On peut donc dire qu'aujourd'hui les lois de 1824 et de 1857, qui, lors de leur promulgation, étaient des lois destinées à protéger la propriété industrielle, sont devenues des lois de douane ayant surtout pour but de protéger la production nationale contre la concurrence étrangère.

158. Les lois de 1824 et de 1857 ne sont pas les seuls textes exécutoires en France qui s'occupent de l'introduction dans notre pays de marchandises étrangères portant une marque française ou un nom commercial français ; dans cette même catégorie, il faut comprendre les *articles 9 et 10 du traité d'Union de 1883* pour la protection de la propriété industrielle. Ces textes sont ainsi conçus : « Tout produit portant illicitement une marque de fabrique ou de commerce ou un nom commercial, pourra être saisi à l'importation dans ceux des États de l'Union dans lesquelles cette marque ou ce nom commercial ont droit à la protection légale... » (article 9). — « Les dispositions de l'article précédent seront applicables à tout produit portant faussement, comme indication de provenance, le nom d'une localité déterminée, lorsque cette indication sera jointe à un nom commercial fictif ou emprunté dans une intention frauduleuse » (article 10).

159. Les industriels et commerçants français peuvent se prévaloir du traité de 1883, lorsqu'ils y voient leur avantage, mais ils conservent le droit d'invoquer le bénéfice des lois intérieures, si tel est leur intérêt; le traité de 1883 a eu pour objet de leur assurer un minimum de protection dans tous les pays de l'Union; cette stipulation leur a été utile dans les pays qui, à la différence de la France, ne réprimaient que d'une manière incomplète les usurpations de marques, de nom, etc., mais elle ne peut être retournée contre eux en France, où les lois de 1824 leur donnaient pleine satisfaction.

Les articles 9 et 10 de la convention de 1883 ne seront donc que bien rarement invoqués, sauf toutefois par les bénéficiaires étrangers de l'Union qui ne sont protégés en France contre l'usurpation de leurs marques ou de leurs noms que parce que leur pays appartient à l'Union pour la protection de la propriété industrielle.

160. Pourtant la convention de 1883 améliore dans un

certain sens les dispositions des lois françaises elles-mêmes. L'article 1er du protocole de clôture de cette convention décide expressément que les mots « propriété industrielle » doivent être entendus dans leur acception la plus large, en ce sens qu'ils s'appliquent non seulement aux produits de l'industrie proprement dite, mais également aux produits de l'agriculture et aux produits minéraux livrés au commerce ; donc les bénéficiaires de l'Union et les négociants français engagés dans le commerce des vins, des grains, des eaux minérales, etc., pourraient toujours faire respecter leurs noms contre les usurpations dont ils seraient l'objet.

161. En 1891 a été signé, à Madrid, entre certains des États de l'Union de 1883, un arrangement particulier pour la répression des fausses indications de provenance ; cet accord est exécutoire en France depuis le 15 juillet 1892.

En vertu du premier article de cet accord, « tout produit portant une fausse indication de provenance dans laquelle un des États contractants ou un lieu situé dans l'un d'entre eux serait, directement ou indirectement, indiqué comme pays ou comme lieu d'origine, sera saisi à l'importation dans chacun desdits États. La saisie pourra aussi s'effectuer dans l'État où la fausse indication de provenance aura été apposée ou dans celui où aura été introduit le produit muni de cette fausse indication ».

162. Il semble résulter de ce texte, que ce paragraphe s'applique par cela seul qu'il y a eu apposition d'une fausse indication de provenance et alors même que le commerçant n'aurait pas agi en vue de créer une confusion ; de plus, toute localité située dans l'un des pays de l'Union se trouve ainsi protégée contre l'usurpation de son nom, alors même qu'elle n'aurait encore acquis aucune notoriété dans la fabrication du produit sur lequel son nom a été apposé.

Mais, en vertu de l'article 3 de ce même arrangement, « le vendeur peut indiquer son nom ou son adresse sur les produits provenant d'un pays différent de celui de la vente, mais, dans ce cas, l'adresse ou le nom doit être accompagné de l'indication précise et en caractères apparents du lieu de fabrication ou de production. » Le texte semble être obligatoire dans les rapports des Français entre eux.

163. Enfin, l'article 15 de la loi de douanes du 11 janvier 1892 prohibe à l'entrée, exclut de l'entrepôt, du transit et de la circulation tous produits étrangers qui portent une indication quelconque de nature à faire croire qu'ils ont été fabriqués en France ou qu'ils sont d'origine française. Mais cette disposition est peut-être dénuée de sanction.

164. Faisons remarquer, en terminant, que la loi de 1857 ne prononce aucune peine contre l'introducteur de marchandises étrangères portant de fausses indications de provenance. Pourtant, lorsqu'une telle marchandise est sur le territoire français, il y a usage en France d'une marque contrefaite ou frauduleusement imitée, la loi n'avait donc pas besoin de prononcer une peine, puisque celle-ci était déjà prévue dans une autre disposition.

SECTION IV

De la contrefaçon en matière d'œuvres littéraires et artistiques et des infractions qui y sont assimilées.

§ 1. — De la contrefaçon proprement dite.

165. En parlant des règles communes à toutes les actions en contrefaçon, nous avons établi que ce n'est pas celui qui exécute la contrefaçon qui doit être considéré comme l'auteur responsable du délit, mais celui qui a ordonné la reproduction, celui pour 'le compte duquel elle est faite. Toutefois si l'exécuteur matériel de la contrefaçon n'est pas un instrument inconscient du délit, s'il était dans une situation assez indépendante pour résister aux ordres qui lui étaient donnés, il doit être condamné en même temps que l'auteur de la contrefaçon. Paris, 1er juin 1892. (*Ann. propr. ind.*, 92. 217 et la note.)

166. Ainsi qu'en matière de brevet d'invention, le cessionnaire, qui ne s'en tient pas aux conditions par lesquelles il avait été autorisé à reproduire l'œuvre litigieuse, commet le délit de contrefaçon. Ainsi l'éditeur, qui fait un tirage de l'œuvre après l'expiration du traité de cession qui lui avait été consenti, ne peut pas dire qu'il a simplement manqué aux conditions du contrat. Car dès que l'éditeur sort des limites du traité il devient à l'égard de l'auteur un tiers ; la réimpression constitue une reproduction par un tiers non autorisé, une violation du droit de l'écrivain, c'est-à-dire une contrefaçon.

167. Mais on ne saurait considérer comme constituant une contrefaçon le fait de l'éditeur qui publie l'œuvre remise par l'auteur avec des changements ou des modifications ; car il n'y a pas eu fabrication faite au mépris des droits reconnus aux auteurs et aux artistes ; mais s'il n'y a pas lieu à une action correctionnelle, l'auteur ainsi lésé a droit à une action civile en dommages-intérêts.

168. De même, il n'y a pas contrefaçon dans le fait d'un éditeur qui en publiant une œuvre par lui acquise supprime le nom de l'auteur ; cet éditeur se rend coupable d'un acte dommageable, mais non d'une contrefaçon. Car ce délit consiste essentiellement dans le fait d'une publication accomplie sans le consentement du propriétaire de l'ouvrage ; et ici le consentement ne fait pas défaut. L'éditeur manque simplement aux conditions que son marché lui impose, publier l'ouvrage tel qu'il l'a reçu.

169. Il en est de même si l'éditeur ne s'est pas borné à supprimer le nom de l'auteur ou de l'artiste véritable, mais de plus y a substitué un autre nom. Pourtant on a voulu assimiler cet éditeur à celui qui copie l'œuvre d'autrui et l'a fait paraître sous son propre nom ; c'est assurément un contrefacteur. Quelle différence, dit-on, y a-t-il entre les deux cas ? Un ouvrage circule sous le nom d'un auteur qui n'en a pas composé la moindre partie.

Cela est vrai, mais il y a une différence : dans le premier cas les exemplaires mis en vente sortent des mains du propriétaire véritable qui en a autorisé le débit, et dans le second il a été étranger à la fabrication de cet ouvrage. M. Pouillet (*Propr. litt.*, n° 503) croit avec raison que l'auteur dont le nom a été supprimé peut se plaindre que les conditions de la cession n'ont pas été remplies, il peut obtenir des dommages-intérêts et le rétablissement de son nom, mais il n'a pas droit à l'action en contrefaçon parce qu'il n'y a pas eu reproduction illicite.

170. De même l'artiste ou l'écrivain dont le nom a été usurpé n'aura pas droit à l'action en contrefaçon ; car l'usurpation de son nom ne constitue pas une contrefaçon dans le sens ordinaire qu'on donne à l'expression, puisque la contrefaçon consiste dans la reproduction non autorisée de l'œuvre et non dans l'attribution qui est faite au pinceau d'un artiste d'une toile à laquelle il n'a pas travaillé.

Une loi récente du 9 février 1895 a eu pour but de punir de peines correctionnelles l'usurpation du nom des artistes pour les œuvres de peinture, de sculpture, de dessin, de gravure ou de musique ; mais cette loi ne s'applique pas à la photographie, à l'architecture et aux œuvres littéraires. Pour ces œuvres, l'usurpation du nom n'est pas un délit, mais elle est une cause de préjudice contre laquelle les tribunaux, en vertu du principe posé dans l'article 1382 C. Civ., ont le droit incontestable de sévir en ordonnant la suppression et en condamnant à la réparation du préjudice que la reproduction a pu causer.

171. Il se peut même que l'auteur devienne le contre-facteur de son œuvre; ainsi l'auteur qui a cédé sans réserves à un tiers la propriété d'une édition de son ouvrage n'en peut faire, même sous un titre différent, une nouvelle publication avant l'épuisement de celle qu'il a cédée, alors même que l'éditeur apporte des entraves à l'écoulement de la première édition.

172. On a pourtant prétendu qu'il n'y avait pas con-trefaçon de la part de l'auteur qui, sans droit, reproduit son œuvre, alors qu'il en a cédé à autrui l'usage tempo-raire ou perpétuel. On a dit : pour que le délit de con-trefaçon existe, il faut qu'il y ait édition faite sans le consentement de l'auteur, or ici son consentement ne fait pas défaut puisque c'est lui qui a publié l'édition contrefaite. Les articles 425 et suiv., C. P., qui pré-voient et punissent la contrefaçon en matière d'œuvres littéraires ou artistiques supposent que cette infraction est commise au mépris des lois et règlements relatifs à la propriété des *auteurs*, et les lois pénales, devant être entendues restrictivement, ne doivent pas être appliquées alors que c'est précisément l'auteur qui commet l'acte répréhensible.

173. Il est facile de répondre à cette argumentation : la loi a envisagé la situation générale où la propriété littéraire ou artistique repose encore sur la tête des auteurs et des artistes, mais quand ceux-ci ont cédé leurs droits à une autre personne, les droits résultant de cette propriété ne leur appartiennent plus, ils ont passé à leur cessionnaire qui seul a qualité pour les exercer à leur place. Au surplus, l'article 40 du décret du 3 février 1810 déclare que « les auteurs... peuvent céder leurs droits à un imprimeur ou libraire ou à toute autre personne qui est alors substituée en leur lieu et place pour eux et leurs ayants cause ». Ce qui veut dire que le cessionnaire, investi de tous les droits de l'auteur, peut les exercer contre quiconque porte atteinte à leurs droits et notamment contre les auteurs qui, par suite de la cession, sont devenus de véritables tiers quant à l'œuvre aliénée. Cass., 19 déc. 1893 (D., 95. 1. 404); Paris, 15 déc. 1894 (*Gaz. des trib.*, 31 janv. 1895).

174. Si l'auteur, après avoir cédé son ouvrage, le revend une seconde fois, le second cessionnaire devra être condamné pour contrefaçon, s'il a agi en connaissance de cause ; mais s'il est acquitté à raison de sa bonne foi, l'auteur devra-t-il être aussi renvoyé indemne de la poursuite malgré son évidente mauvaise foi ? M. Pataille (*Ann. propr. ind.*, 1862, p. 228, note 2) répond affirmativement parce qu'il n'est que complice de la contrefaçon et qu'on ne peut prononcer une condamnation contre lui en renvoyant des fins de la poursuite l'auteur de la contrefaçon. Ce n'est pas exact, car le complice d'un délit peut être condamné en l'absence de l'auteur du délit. Peu importe que l'auteur principal soit acquitté à raison de circonstances qui lui sont spéciales !

La faute du complice, sa mauvaise foi n'en restent pas moins punissables. D'ailleurs, cet auteur indélicat est plutôt coauteur que complice du délit.

175. Faudra-t-il voir une contrefaçon dans le fait de l'auteur qui, ayant cédé son œuvre à un éditeur, ne lui livre pas son manuscrit et le fait publier chez un autre éditeur ? Il y aura certainement dans ce fait une violation de contrat donnant droit à des dommages-intérêts, mais nous ne croyons pas qu'il y ait là une contrefaçon. En effet, il n'y a pas eu livraison de manuscrit, l'éditeur ne connaît pas l'étendue de sa propriété, il ne pourra pas prouver que l'œuvre publiée est la reproduction de celle qu'il avait acquise. Or, cette question d'identité entre les deux œuvres qui est la question même de la contrefaçon ne va pas pouvoir se poser, sinon il faudrait interdire à l'auteur, qui refuse de livrer son manuscrit, de publier un ouvrage quelconque. Cet acte indélicat est une violation de contrat qui peut entraîner la responsabilité civile et la responsabilité pénale du second éditeur, seulement s'il a connu les droits de son confrère et s'il s'est fait sciemment le complice de la fraude commise par l'auteur. *Sic*, Pouillet (*Propr. litt.*, n° 552); *Contra*, Renouard (*Droits d'auteurs*, t. II, p. 317).

176. La loi du 19 juillet 1793, qui indique quelles œuvres ont droit à la protection des lois spéciales sur la propriété littéraire et artistique est conçue dans les termes les plus généraux ; jouissent de cet avantage les écrits en tout genre, les compositions musicales, les œuvres de dessin et de peinture, en un mot toute production imprimée ou gravée.

177. Quoique la loi de 1793 ne parle que d'écrits, il n'y a aucune raison pour que les productions orales ne soient pas protégées contre les contrefacteurs, au même titre que les productions écrites ; les discours, les sermons, les leçons de professeurs constituent une propriété au profit de leur auteur. Un sermon ne peut être reproduit sans l'autorisation du prédicateur. Lyon, 28 mai 1852 (cité par Blanc, p. 50).

178. La même solution doit être admise à l'égard des cours des professeurs ; on a bien dit que ces personnes, étant rémunérées par l'État, ne peuvent avoir un droit privatif sur une œuvre dont elles doivent la communication au public.

Le professeur reçoit bien un traitement pour payer ses cours oraux ; chacun a le droit de venir l'entendre et d'en tirer un profit personnel, mais il ne suit pas de là que tout le monde ait le droit de reproduire son cours et d'en tirer un profit pécuniaire. Aussi il y a contrefaçon dans le fait de publier sans autorisation, d'après des notes, le cours d'un professeur ; et celui-ci, qui a cédé à un éditeur le droit de publier son cours, est bien fondé à agir en justice contre les contrefacteurs. Outre l'intérêt matériel que présente pour lui la poursuite lorsque ses droits d'auteur se calculent sur le nombre d'exemplaires vendus, il a un intérêt moral, incontestable à veiller à ce que son œuvre ne soit pas défigurée par les contrefacteurs. Trib. Seine, 9 décembre 1893 (*Ann. prop. ind.*, 96. 11).

179. On admet pour les discours officiels ou prononcés dans les assemblées politiques et pour les plaidoiries des avocats que les journaux peuvent s'en emparer pour faire le compte rendu libre de la séance ou du procès, mais l'orateur reste maître exclusif de publier son discours ou sa plaidoirie soit isolément, soit dans ses œuvres complètes.

Les discours de réception prononcés par les membres de l'Académie française sont publiés *in extenso* dans les journaux, mais c'est par pure tolérance de l'auteur. L'académicien a le droit d'en réserver la publication à qui bon lui semble.

180. Nous croyons que la solution, que nous avons admise à l'égard des productions orales, doit l'être aussi pour les œuvres inédites publiées sans le consentement de l'auteur. Ainsi, si un tiers se trouvant, par une circonstance quelconque, possesseur légitime d'un manuscrit, le publie sans le consentement de l'auteur, ce tiers commettra une contrefaçon ; la loi défend toute reproduction d'une œuvre sans le consentement de l'auteur, et comme le remarque M. Pouillet (*Propr. litt.*, n° 548), la loi n'a pas voulu assurer sa protection à l'écriture, aux caractères qui la composent, c'est sinon la pensée, du moins la forme dans laquelle la pensée est rendue, qu'elle garantit à l'auteur. (Trib. Niort, 17 février 1891, *La Loi*, 28 juillet.)

181. A ce sujet, une question délicate s'est posée à propos des lettres missives; le destinataire de la lettre en est incontestablement le propriétaire, et celui qui l'a écrite n'aurait aucune action contre le destinataire pour l'obliger à la lui rendre. Mais la propriété du destinataire est-elle sans limites et lui donne-t-elle le droit de livrer la correspondance au public sans le consentement de l'auteur? Nous pensons que non.

Royer-Collard disait devant la Commission instituée en 1826 pour la présentation d'une loi sur la propriété littéraire : « Celui qui a pensé a seul droit à la publication de sa pensée; à l'auteur seul appartient de manifester sa volonté sur la publication. Qu'on pense par lettre ou autrement, le droit de publication est donc en quelque sorte une propriété nominative, et la restriction de propriété s'aggrave encore de ce fait qu'elle ne comporte pas de cession. » Quel sera dès lors le cas du destinataire qui violera le contrat de transmission et publiera ce qui lui était personnel? Il sera d'abord passible de dommages intérêts en vertu de l'article 1382 C. Civ., et, de plus, il pourra être poursuivi comme contrefacteur. Sa situation est de tous points semblable à celle du dépositaire d'un manuscrit qui, faisant acte de propriétaire, publierait le manuscrit à l'insu de l'auteur.

182. De même les œuvres posthumes ne peuvent être publiées qu'avec le consentement du propriétaire du manuscrit, c'est-à-dire le propriétaire de l'œuvre elle même dont le manuscrit n'est que l'expression. Un décret du

20 février 1809 a appliqué la loi qui régit les œuvres posthumes aux manuscrits qui sont la propriété de l'État; si un tiers, non régulièrement autorisé, publie des manuscrits trouvés par lui dans les archives publiques, il sera passible des peines qui frappent la contrefaçon. L'État, propriétaire du manuscrit c'est-à-dire ayant cause de l'auteur, investi non seulement de la propriété matérielle, mais encore du droit de publication, pourra se prévaloir de la loi pénale qui protège le droit des auteurs aussi bien dans la personne du cessionnaire que dans celle de l'auteur lui-même. Nîmes, 15 janvier 1894 (*Ann. propr. ind.*, 95. 361).

183. On a prétendu, en matière d'œuvres d'art, que l'énumération de la loi de 1793 devait être entendue restrictivement, et que par suite, la protection des lois spéciales ne devait être accordée qu'aux tableaux ou aux dessins proprement dits. Cette opinion aboutissait à permettre notamment la libre reproduction des œuvres de sculpture; elle est abandonnée, et la jurisprudence a décidé que la contrefaçon d'un ouvrage de sculpture est un délit, comme la contrefaçon d'un écrit ou d'une gravure. En effet la sculpture est un dessin, qui pour être en relief ou en creux, n'en est pas moins un dessin. De plus l'article 427, C. P., prononce la confiscation non seulement des planches et matrices, mais aussi des moules des objets contrefaits; cette dernière disposition s'applique évidemment aux ouvrages de sculpture. Donc l'énumération de la loi de 1793 ou de l'article 425, C. P., n'est qu'énonciative, la loi protège les œuvres de sculpture comme les autres productions de l'art.

184. Une objection de même ordre a été soulevée contre la reconnaissance d'un droit privatif au profit des architectes; mais aujourd'hui le principe même de la protection due aux architectes n'est guère discuté. Les architectes peuvent agir en contrefaçon contre quiconque reproduit sans droit les dessins qui leur ont servi pour préparer la construction des édifices qu'ils ont élevés; ils peuvent aussi s'opposer à ce qu'un tiers réalise ces mêmes plans dans un édifice qu'il élève.

185. Toutefois la jurisprudence a apporté une restriction notable au droit des sculpteurs et des architectes en décidant que lorsqu'une œuvre de sculpture ou d'architecture a été exécutée pour l'État et sous sa direction, le droit de reproduction ne peut être revendiqué par l'artiste; chacun peut donc reproduire cette œuvre comme bon lui semble. Paris, 5 juin 1855 (S., 55. 2. 431). (*Contra*, Darras, *Droit d'auteur* (de Berne), 1892, p. 128, Lyon-Caen, *La propriété artistique d'après les nouveaux projets de la loi française, belge et suisse*, p. 12.) D'après ce système, la reproduction d'un monument public tombe dans le domaine public du moment où celui-ci est terminé. Trib. corr. Seine, 14 juin 1892 (*Ann. propr. ind.*, 94 56). L'artiste est réputé avoir abandonné la propriété de son œuvre par la destination qu'il lui donne. Mais on ne saurait étendre ce droit de reproduction jusqu'à la partie du monument qui, n'étant pas édifiée, ne se trouve pas tombée dans le domaine public.

186. La jurisprudence n'admet pas que les affiches illustrées soient protégées par la loi de 1793 ; le dessin, reproduit dans les affiches, doit être déposé au conseil des prud'hommes et est protégé par la loi de 1806 sur les dessins de fabrique. Paris, 28 juillet 1891, 21 janvier 1892 (*Ann. propr. ind.*, 94. 49.) On peut objecter à cette jurisprudence qu'une affiche illustrée est une lithographie en couleur ; et en quoi le fait de l'affichage ou de la présence dans la composition du nom d'un industriel peut-il enlever à l'œuvre de l'artiste son caractère de dessin reproduit par la lithographie en couleur ? Même quand l'art sert de passeport à une réclame, c'est toujours de l'art ; l'artiste a fait œuvre d'art, peu importe le but visé par la personne qui emploie l'œuvre d'art. On ne peut pas dire que le dessin de l'affiche est un dessin industriel, parce que l'affiche est un produit industriel, sinon la gravure qu'on n'affiche pas serait un produit industriel au même titre. Il nous semble préférable de dire que tous les dessins et les images, quels que soient leur peu d'importance et leur emploi constituent une propriété artistique, protégée par la loi de 1793.

187. La discussion est très vive sur la question de savoir si les œuvres photographiques constituent une propriété et sont protégées par les lois spéciales. D'après la jurisprudence, les tribunaux doivent, dans chaque cas particulier, s'attacher à rechercher si l'œuvre reproduite constitue ou non une œuvre d'art et ne lui assurer. le bénéfice des dispositions légales sur la contrefaçon que s'ils lui reconnaissent ce caractère. Trib. Seine, 22 février 1897 (*Ann. propr. ind.*, 97. 135) ; Angers, 23 novembre 1896 (*A n.*, 97, 129).

Un système refuse bien toute protection aux œuvres de la photographie, par le motif qu'elles ne constitueraient jamais des œuvres d'art ; mais la majorité de la doctrine se prononce dans un sens diamétralement opposé, elle repousse aussi la distinction de la jurisprudence qu'elle trouve arbitraire. Pour la doctrine, si la loi de 1793 est applicable aux photographies, c'est qu'il faut considérer ces œuvres comme des dessins obtenus par l'intelligence humaine avec le concours d'un appareil, et que le rôle de l'artiste y est assez important pour modifier l'aspect de l'œuvre. Il est vrai que cette intervention n'est point aussi longue ni aussi décisive que celle de l'artiste obligé de dessiner et d'ombrer de sa main sa toile ou son papier d'un bout à l'autre ; dans la photographie, toute une partie du travail est faite par la machine et simplifiée par le procédé, mais on ne juge pas la valeur artistique d'une œuvre par la difficulté du procédé. L'acide ne joue-t-il pas un rôle très grand dans la préparation d'une eau forte ? Si l'on peut faire d'une photographie une œuvre d'art, il faut décider que tous les dessins photographiques, quels que soient leur mérite, doivent être protégés, comme tous les autres dessins, par la loi de 1793. Les tribunaux ne peuvent se transformer en jurys artistiques et décider que l'œuvre photographique, qui leur est soumise, est une œuvre d'art, parce qu'on y relève un élément autre que l'application des moyens mécaniques et que l'intelligence de l'opérateur y a joué son rôle, et dire que telle autre photographie ne constitue qu'une œuvre purement mécanique, n'empruntant rien à l'esprit, à l'inspiration et au goût de leur auteur. Trib., Seine, 10 janvier 1899 (*Dr. d'auteur*, 1899, p. 30).

La conférence de Paris de 1896 a émis le vœu que, dans tous les pays de l'Union, la loi protège les œuvres photographiques ou les œuvres obtenues par des procédés analogues, et que la durée de la protection soit de quinze ans au moins.

188. Nous avons déjà vu, en matière de brevets d'invention, que pour déterminer à quel moment précis il y a véritable contrefaçon, il faut tenir compte de cette double idée que la simple tentative n'est pas punissable, mais que la contrefaçon partielle est répréhensible au même titre que la contrefaçon totale. La seule impression de l'ouvrage contrefait suffit-elle pour constituer la contrefaçon ou faut-il qu'à l'impression vienne s'ajouter la mise en vente ?

189. On a dit que la contrefaçon n'était pas consommée tant que l'édition n'était pas mise en vente, car le fait de l'impression ne diminue pas le débit de l'édition originale et il est permis de tirer un ouvrage pendant la durée de la propriété privative, à la condition de ne la mettre en vente qu'après son expiration. En un mot, l'impression constitue simplement la tentative du délit de contrefaçon, tentative qui n'est pas punie par la loi ; et de plus, pour qu'il y ait contrefaçon, il faut l'existence d'un préjudice actuel et non l'éventualité d'un préjudice futur.

190 Ces arguments sont impuissants à démontrer que l'impression ne constitue pas la contrefaçon. En effet, l'article 425, C. P., dit que toute édition... faite au mépris de la loi sur la propriété littéraire est une contrefaçon, et l'article 426, C. P., assimile à la contrefaçon la vente ou mise en vente de l'édition ainsi faite. Or, si l'article 425 avait entendu dire par le mot « édition » qu'il n'y a pas contrefaçon sans vente ou mise en vente, l'article 426 serait inutile ; si le législateur a prévu les deux cas, c'est qu'il a entendu punir deux faits distincts. D'ailleurs, l'esprit de la loi est conforme à son texte : la loi confère à l'auteur sur son œuvre un droit absolu, personne ne peut toucher à sa propriété sans sa permission. De plus nous savons que le préjudice présent n'est pas un élément nécessaire du délit de contrefaçon, et qu'en tous cas, un préjudice même éventuel suffit à le constituer. Et enfin, s'il fallait ajouter à l'impression la mise en vente pour constituer la contrefaçon, il faudrait absoudre l'impression, faite en France, d'un ouvrage contrefait destiné à l'exportation. Donc, il y a délit de contrefaçon d'une œuvre littéraire, lorsque plusieurs feuilles de l'ouvrage contrefait ont été imprimées ; il n'est pas nécessaire que l'impression soit terminée.

191. Mais il serait excessif de prétendre qu'il suffit,

pourqu'il y ait contrefaçon d'un livre, que la composition fût achevée, alors même qu'aucune feuille n'aurait été tirée ; il n'y a là qu'une tentative du délit qui pourrait ne pas être suivie d'exécution. Car l'art. 425, C. P., ne suppose le délit que, s'il y a mise au jour, production d'exemplaires non autorisée ; la composition n'est que la préparation de l'instrument destiné à produire la contrefaçon, mais elle n'est pas la contrefaçon elle-même.

192. De même, le simple fait de la gravure de la planche ne constitue pas la contrefaçon, tant qu'il n'y a pas eu d'épreuves tirées le délit n'est pas consommé. Ce qui est vrai de la planche de la gravure s'applique au dessin sur la pierre pour la lithographie, au cliché photographique, au moule d'une statue. Le délit de contrefaçon n'existe qu'à l'instant où la statue est reconstituée par la coulée du métal ou du plâtre dans le moule; le surmoulage, c'est-à-dire la fabrication du moule, est seulement une opération préparatoire pour arriver à la reproduction du modèle.

193. La contrefaçon a comme proche parent le plagiat; l'un et l'autre se ressemblent tant qu'il est parfois difficile de les distinguer ; la loi ne saurait poser des règles précises à cet égard, elle doit s'en rapporter à la sagacité des juges. Car, il est bien difficile d'énumérer les caractères par lesquels se reconnaît le plagiat. En principe, la copie, l'imitation, faite non dans un but de discussion ou de polémique mais en vue de profiter du travail d'autrui et pour s'épargner la peine que donnerait un travail original, est sévèrement interdite ; s'il est impossible de reconnaître l'emprunt et si l'auteur de l'ouvrage imité ne souffre aucun préjudice ni dans sa réputation, ni dans sa fortune, le juge devra décider que le plagiat ne va pas jusqu'à la contrefaçon. Mais si un auteur s'approprie la forme donnée à un récit, à une description, à une pensée par l'auteur cité, la probité littéraire la plus élémentaire exige que la citation soit indiquée par des guillemets et encadrée par un texte personnel à l'écrivain qui en fait usage ; l'importance et la multiplicité des passages copiés donnent à la publication le caractère d'une contrefaçon. (Paris, 3 déc. 1894, *Ann. propr. ind.* 95. 282.)

194. Il est défendu de copier en tout ou en partie un ouvrage, mais on peut s'approprier la méthode, les opinions qui y sont contenues, et qui, par leur seule exposition, tombent dans le domaine public. Car ce qui appartient à l'auteur d'un livre, c'est la forme littéraire, c'est-à-dire la composition, le plan, le style, mais les opinions émises, les systèmes proposés ne constituent pas une propriété privative. Toutefois le plagiaire ne peut s'attribuer le mérite de la méthode, du système, l'auteur ainsi spolié aurait une action civile pour obtenir de la justice que son nom fût cité.

195. La loi, en punissant la contrefaçon partielle, n'interdit pas le droit de citation, soit pour permettre de discuter un passage d'un ouvrage, soit pour en tirer un argument en faveur d'une opinion émise. En citant un auteur, on ne porte aucune atteinte à la propriété de cet auteur, au contraire on la reconnaît, on la proclame. La citation est le plus légitime des droits, l'écrivain qui livre ses pensées à la publicité, les expose à la critique ; or, la critique d'un ouvrage ne se conçoit pas sans le droit de citer des extraits sur lesquels on appuie l'appréciation qu'on en donne.

196. Mais ce droit de citation ne va pas jusqu'à permettre la reproduction plus ou moins complète de l'œuvre critiquée ; on ne peut abuser des citations, au point de copier l'ouvrage tout entier ou dans sa majeure partie, sans contrefaire. « Il y a contrefaçon, dit M. Pouillet, (*Propr. litt.*, n° 313) lorsque sans copier servilement l'œuvre, on l'imite dans son ensemble et dans ses parties essentielles et caractéristiques. » Voilà le critérium, le plagiat cesse d'être toléré et devient contrefaçon partielle lorsqu'il s'attaque à des parties essentielles de l'ouvrage, car, dans ce cas, l'œuvre contrefaite reproduit la physionomie de l'œuvre originale.

197. Il y a donc délit dans le fait de réimprimer en l'abrégeant l'ouvrage d'autrui sans son consentement ; cette fraude est très préjudiciable à l'auteur, car l'abrégé permet de se passer de l'ouvrage entier en faisant connaître le plan et les détails les plus importants de l'œuvre dont il est le reflet. Il n'est pas plus permis d'amplifier que d'abréger ; il y aura contrefaçon dans le fait d'ajouter des notes et un commentaire à un ouvrage du domaine privé, car le commentaire est à l'œuvre originale ce que le perfectionnement est à l'invention brevetée,

198. C'est en matière de journalisme, qu'il est possible de relever les faits de citation les plus fréquents. Certains journaux empruntent sans scrupule des articles à d'autres feuilles mieux renseignées ou mieux rédigées et ne prennent même pas la peine de les citer, c'est une pratique condamnable qui tombe sous le coup de la loi. Les articles de journaux constituent des écrits dans le sens de la loi ; la propriété en appartient soit à l'auteur, soit au journal, suivant la nature des conventions, et la reproduction de ces articles, faite sans le consentement des auteurs a le caractère de contrefaçon. Sans doute, dit M. Gastambide, (p. 63,) chaque journal a le droit de commenter les articles publiés dans telle ou telle feuille, et par conséquent d'en rappeler la substance, mais il faut circonscrire cette liberté dans les limites d'une polémique nécessaire. Toutefois la réciprocité des emprunts que se font les journaux sert parfois à justifier, sinon à légitimer, ces sortes d'emprunts ; la nature particulière de certains articles de journaux les soustrait à la protection des lois sur la propriété littéraire ; ainsi les télégrammes et les faits divers, lorsque les uns et les autres se bornent à un simple récit de faits de la vie courante, doivent rentrer dans cette catégorie ; au contraire, il est interdit de reproduire les articles dits de fond. Paris, 15 nov. 1893. (*Ann. propr. ind.*, 95. 244.)

199. L'identité des sujets traités, jointe à leur nature spéciale, peut amener parfois une similitude d'expression entre certains passages correspondants de deux œuvres

données ; il en est ainsi, par exemple, dans les dictionnaires, annuaires et autres ouvrages semblables.

Il est bien évident qu'en ce cas l'auteur dont l'œuvre
est postérieure ne peut être poursuivi pour ces ressemblances purement occasionnelles, mais parfois ces ressemblances ne sont dues qu'à des emprunts non autorisés.
Si les emprunts sont constatés, le juge doit reconnaître et
punir la contrefaçon. Trib. Seine, 12 janvier 1893. (*Ann.
prop. ind.*, 93. 207.)

200. La similitude entre deux œuvres peut encore se
produire parce que, l'un comme l'autre, les auteurs ont
puisé à une même source ; en ce cas, si ce même fonds
commun est le domaine public, il est bien évident qu'il
n'y a pas en principe de contrefaçon. Ainsi, comme le dit
Nodier, les dictionnaires sont en général des plagiats par
ordre alphabétique, les emprunts y sont fort difficiles à
reconnaître, parce que ces sortes de publications puisent
la plupart de leurs éléments dans le domaine public. Ce
que dit Gastambide, (p. 107,) des compilations s'applique
aussi aux dictionnaires. « Il y a contrefaçon d'une compi-
lation lorsqu'on prend à un ouvrage de ce genre quelque
chose qui lui appartient en propre, comme le choix des
matières, ou la rédaction, ou l'ordre général, ou les détails, mais il n'y a pas contrefaçon lorsque les matériaux
sont dans le domaine public et que l'ordre suivi dans
leurs arrangements est le seul possible. » Mais la solution
change si, sur l'élément puisé dans le domaine public,
un des auteurs a fourni un travail personnel, suffisam-

ment caractérisé pour donner naissance à une œuvre véritablement nouvelle, et si l'emprunt a porté sur cet élément ainsi transformé et ainsi approprié. Paris, 20 novembre 1883. (*Ann. prop. ind.*, 85. 106.)

201. Les notes faites sur un ouvrage tombé dans le domaine public constituent, en faveur de leur auteur, une propriété garantie par la loi de 1793, même si ces notes n'ont pas été publiées séparément du texte de l'ouvrage. Donc la reproduction de ces notes par un nouvel éditeur de l'ouvrage a le caractère du délit de contrefaçon prévu par la loi.

202. De même, si un artiste a choisi le sujet de son œuvre dans le domaine public, l'œuvre qu'il aura faite sera sa propriété exclusive, mais ce qui est à lui, ce n'est pas l'idée, le monument ou le sujet choisi, c'est la forme dont il l'a revêtue et à l'aide de laquelle il l'a présentée aux yeux du public. Chacun est libre de s'inspirer du même sujet, mais on ne peut reproduire les formes et la disposition d'une œuvre antérieure, non tombée dans le domaine public, sans commettre une contrefaçon. Mais, de simples changements dans les accessoires qui ornent des types tombés dans le domaine public n'ont point pour effet d'attribuer à l'auteur de ces changements la propriété exclusive des types eux-mêmes.

203. C'est en argumentant de la légitimité du droit de citation et en insistant sur la nécessité d'aider au développement de l'instruction publique, que l'on a parfois essayé de faire considérer comme licite la mise au jour des recueils, des morceaux choisis et autres publications du même genre, opérée sans que les auteurs intéressés aient donné leur consentement. Nous avons vu que les citations ne sont légitimes que dans la mesure où elles sont nécessaires pour l'exercice du droit de critique; il faut condamner cette pratique.

204. On s'est aussi appuyé sur l'intérêt supérieur de la défense nationale pour prétendre légitimer la spoliation des droits des écrivains militaires, comme l'on a voulu faire d'ailleurs pour innocenter l'usurpation des découvertes touchant à l'armée ou à la marine. Pour les tribunaux, la réimpression entière ou partielle d'un ouvrage, sans le consentement de l'auteur ou de ses ayants droit, constitue le délit de contrefaçon, lors même que cette réimpression aurait été autorisée au nom de l'État, dans un but d'utilité publique (instruction militaire des élèves officiers). Cass., 3 mars 1826 (S. et P. chr.).

L'avis du ministre de la Guerre du 23 octobre 1883, qui a déclaré tombés dans le domaine public les théories ou règlements adoptés par l'administration militaire, n'a pu s'appliquer que pour l'avenir et à des publications faites par les personnes placées sous les ordres du ministre; il n'a pu avoir pour objet ni pour résultat de porter atteinte à des droits acquis par des tiers et garantis par la loi. Besançon, 10 mars 1886. (*Ann. propr. ind.*, 87. 99.)

205. La critique est un droit absolument légitime; et la parodie, du moment où elle se tient dans les limites que sa nature comporte, n'est qu'une forme de la critique ; parodier, c'est rappeler toutes les situations d'une pièce pour en faire la satire, et on ne peut critiquer une œuvre de théâtre sans adopter la même marche des événements et le même ordre des développements. On ne peut donc condamner la parodie.

Il a été décidé, en ce sens, que la critique et la parodie d'œuvres d'art, aussi bien que d'œuvres littéraires, sont du domaine de chacun, et que la loi ne protège pas contre elles ceux qui livrent ces œuvres à l'appréciation du public. Ainsi on ne saurait voir un acte répréhensible dans le fait de celui qui adopte comme décor ou accessoire du théâtre, à titre de critique ou de parodie d'un genre artistique, un dessin qui rappelle le sujet d'un tableau, sans qu'il y ait, toutefois, similitude entière entre l'original et la copie. Trib. Seine, 12 juin 1879. (*Ann. propr. ind.*, 79. 239.)

Mais pour que la parodie reste licite, il faut qu'elle soit une œuvre de critique véritable ; si elle perd ce caractère, elle ne mérite réellement plus ce nom et elle devient une véritable contrefaçon. Il se peut que, sous prétexte de parodie, il y ait une véritable reproduction de l'œuvre originale ; alors, c'est un acte dommageable pour l'auteur, et cela devient une reproduction illicite tombant sous le coup de l'article 425, C. P.

206. Il n'y a plus critique d'un livre ou d'une pièce de théâtre, mais bien contrefaçon quand, sous le prétexte de donner le compte rendu de l'ouvrage, un journal ou une revue en publie un véritable abrégé faisant connaître l'enchaînement des idées qui distinguent cette œuvre. Constituent des contrefaçons les analyses publiées dans les journaux, qui contiennent un résumé des pièces de théâtre, acte par acte, ce qui permet au spectateur de suivre la marche de l'œuvre dramatique et peut le dispenser d'acheter l'œuvre originale. Trib. corr. Marseille, 28 nov. 1891. (*Ann. prop. ind.*, 92. 220.)

207. Ce qui est vrai des analyses publiées après la mise au jour de l'œuvre est vrai, à plus forte raison, des analyses qui sont faites avant l'apparition même de l'ouvrage. Constitue donc une contrefaçon la publication faite avant la première représentation d'un compte rendu, acte par acte, scène par scène, d'une pièce de théâtre. Trib. Seine, 20 nov. 1889. (*Ann, prop. ind.*, 90. 208.) En effet, l'œuvre dramatique n'appartient au public que du jour de la première représentation, jusque-là l'auteur est libre de ne pas la lui communiquer ; il faut donc punir ceux qui, par des divulgations, pourraient enlever à l'auteur l'usage d'un droit incontestable. Si le plus souvent les journalistes sont convoqués ou admis à la répétition générale qui précède la première représentation, ce n'est là qu'une mesure de faveur ou de tolérance qui ne saurait créer un droit à l'encontre de l'auteur. Darras, (*Droit d'auteur de Berne*, 1890, p. 7, p. 76).

208. Le droit de propriété littéraire, ne portant pas seulement sur la forme extérieure donnée à l'œuvre, mais aussi sur l'enchaînement des idées, il faut décider que la traduction non autorisée constitue une véritable contre-façon. Cette solution, aujourd'hui acquise en droit français, n'a pas été admise sans conteste; des auteurs considérables (Gastambide, n° 58, Renouard, t. II, p. 38), ont pensé qu'une telle entreprise était entièrement licite. D'après ces auteurs, la loi de 1793 a donné aux auteurs le droit exclusif de faire vendre leurs ouvrages et non pas de les faire traduire; le silence de la loi, à cet égard, est d'autant plus significatif qu'en matière artistique elle a réservé aux peintres et dessinateurs le monopole, non seulement de la vente, mais encore de la gravure de leurs œuvres. Or qu'est-ce que la gravure? si ce n'est la traduction de l'œuvre. La traduction n'étant pas un ouvrage de l'auteur celui-ci ne peut pas la faire vendre et en bénéficier exclusivement en l'absence d'un texte formel.

209. Il est faux de prétendre que la traduction n'est plus un ouvrage de l'auteur; la traduction est toujours son œuvre puisqu'elle fait revivre l'économie générale et les idées du livre primitif. La loi de 1793 s'est prononcée explicitement à l'égard de la gravure, mode de reproduction de la peinture, parce qu'il y avait un doute possible, la gravure s'inspirant d'un art et de procédés tout différents de l'art et des procédés du peintre; le traducteur, au contraire, ne fait que calquer l'œuvre originale. La loi de 1793 ne parle pas non plus des abrégés, ne défend pas de tirer d'un roman une pièce de théâtre, et cepen-

dant Renouard reconnaît que ce sont des actes caracté-
risés de contrefaçon.

210. On a soutenu encore que la traduction ne cause
pas de préjudice à l'auteur de l'œuvre originale ; mais
nous savons qu'il y a contrefaçon dès qu'il y a atteinte à
la propriété d'autrui, dès qu'on a profité de son travail,
peu importe l'étendue du préjudice. D'ailleurs, cette traduction non autorisée cause un préjudice à l'auteur de
l'œuvre originale, qui aurait pu tirer un bénéfice de la
vente de la traduction, ou qui aurait pu céder à un tiers le
droit exclusif de traduire son livre. Certaines personnes
capables de lire un ouvrage dans sa langue primitive
préféreront la traduction parce que la lecture leur en sera
plus aisée ; l'auteur y trouve son profit. « Quelle différence y a-t-il, dit M. Pataille (*Ann. propr. ind.*, 56. 67),
entre le littérateur qui traduit et l'artiste qui lithographie
une gravure ou qui graverait une lithographie ? Aucune.
Qu'importe après cela le plus ou le moins d'étendue du
préjudice. C'est là une question de fait et d'espèce, non de
principe. D'ailleurs, quand la nécessité de demander l'autorisation de l'auteur ne devrait avoir pour résultat que
de lui assurer une meilleure traduction, n'est-ce pas un
intérêt suffisant ? Evidemment oui ».

211. Le traité de Berne de 1886, pour la protection des
œuvres littéraires et artistiques, contient une disposition
aux termes de laquelle « les auteurs ressortissant à l'un
des pays de l'Union ou leurs ayants cause, jouissent, dans
les autres pays du droit exclusif de faire ou d'autoriser la

traduction de leurs œuvres pendant toute la durée du droit sur l'œuvre originale. Toutefois, le droit exclusif de traduction cessera d'exister lorsque l'auteur n'en aura pas fait usage dans un délai de dix ans à partir de la première publication de l'œuvre originale, en publiant ou en faisant publier dans un des pays de l'Union, une traduction dans la langue pour laquelle la protection sera réclamée. » (Article 5 modifié par l'acte additionnel du 4 mai 1896 de la Conférence de Paris).

212. Si la traduction faite par un tiers sans la permission de l'auteur constitue une contrefaçon, au contraire, cette traduction est protégée contre les entreprises d'autrui lorsqu'elle émane de l'auteur lui-même ou d'une personne que celui-ci a autorisé à cet effet. De même, s'il s'agit d'une œuvre tombée dans le domaine public, chacun peut en tenter la traduction, mais le premier qui a fait ce travail peut s'opposer à ce que des tiers s'en emparent. Dans ce cas, la contrefaçon d'une traduction sera souvent difficile à saisir, car travaillant sur le même texte, les deux auteurs peuvent s'être rencontrés fortuitement. Pour qu'il y ait contrefaçon d'une traduction, il faut qu'il y ait plagiat d'une partie importante, originale de la première traduction, il faut que les emprunts soient considérables et que la partie empruntée forme une portion essentielle de l'ouvrage du plaignant. Le second traducteur peut s'aider de l'œuvre de son devancier, mais sa version doit être dans son ensemble une autre version que celle qu'il a voulu refaire.

213. La matière de la traduction nous conduit à l'étude de l'adaptation qui, faite sans l'autorisation de l'intéressé, est condamnable ; elle est aussi préjudiciable à l'auteur que la traduction elle-même. En effet l'adaptation, empruntant à son modèle ses caractères essentiels et n'en modifiant que quelques détails, constitue une véritable contrefaçon. Il y a lieu d'assimiler à la traduction et à l'adaptation et de traiter de même le fait de celui qui, sans autorisation, met en vers un ouvrage écrit en prose ou réciproquement. De même on commet une contrefaçon, si l'on tire d'un roman une pièce de théâtre, ou si on transforme une comédie en opéra, sans l'autorisation de l'auteur ; dans les deux cas. on s'empare de l'œuvre d'autrui, c'est le même ouvrage sous une forme différente.

Les variations, les arrangements, les orchestrations sont pour les œuvres musicales ce que la traduction ou l'adaptation peut être pour les productions littéraires ; elles constituent donc des contrefaçons, si elles sont faites contrairement à la volonté du compositeur.

214. Des termes employés dans l'article 425, C. P., pour qualifier la contrefaçon des œuvres littéraires, on a quelquefois conclu que, pour être répréhensible, une reproduction devait avoir été obtenue par des moyens mécaniques. Cette opinion est contraire au texte de l'article 425 ; cet article ne dit pas : « Toute édition par l'impression, la gravure est une contrefaçon » ce qui donnerait un sens limitatif, mais : « Toute édition d'écrits, de compositions musicales, de dessins, de peintures ou de tout autre production imprimée ou gravée en entier ou en partie... est une contrefaçon ». La loi ne parle que de l'impression ou de la gravure, parce qu'au moment de sa rédaction, c'était les seuls modes de reproduction connue, ou du moins les plus usuels. Il faut donc entendre par impression ou gravure tous les modes de reproduction similaire, les termes de la loi ne sont pas limitatifs mais simplement énonciatifs.

La loi défend aussi la lithographie, l'autographie, la photographie comme mode de reproduction. La copie manuscrite constitue également une contrefaçon à la condition que cette copie soit destinée à un usage commercial ; elle est évidemment permise si la copie a été faite pour un usage personnel, dans un but d'étude ; on peut apprendre par cœur un livre, pourquoi ne pourrait-on pas le copier ? Et dans ce cas il est bien difficile de prétendre qu'il y ait là une édition, c'est-à-dire la confection d'un certain nombre d'exemplaires destinés à voir le jour.

215. C'est surtout au cas où la reproduction manuscrite est faite pour le compte d'un directeur de théâtre que la jurisprudence a eu l'occasion d'appliquer cette théorie. Il a été jugé que le directeur du théâtre, qui a acheté chez l'éditeur propriétaire un exemplaire d'une partition musicale pour l'exécuter sur son théâtre, peut en faire des copies manuscrites pour les besoins de son exploitation théâtrale, sans commettre le délit de contrefaçon. Angers, 3 juin 1878. (S., 78. 2. 198.) Cass., 25 juin 1893. (S., 93. 1. 368.)

216. La doctrine se prononce en général contre cette solution : car si le propriétaire d'un exemplaire d'une partition et des pièces d'orchestre est en droit d'en faire des copies manuscrites pour son usage personnel, il lui est interdit d'affecter ces copies à un emploi commercial. Cass., 5 décembre 1895. (*Ann. prop. ind.*, 96. 5.) Or, il est difficile de soutenir que les reproductions faites par les directeurs de théâtre et destinées aux acteurs ou aux musiciens sont faites pour un usage personnel ; car exploiter un théâtre est bien une exploitation commerciale.

217. En tous cas, le directeur d'un théâtre qui s'adresse à des tiers qui, par avance, ont fait des copies manuscrites de partitions pour les louer, se rend complice du délit de contrefaçon ; ces tiers se livrent à un véritable commerce, ils tirent profit des œuvres intellectuelles d'autrui, ils sont de véritables contrefacteurs et les directeurs de théâtre sont leurs complices.

218. Car on est d'accord pour reconnaître qu'il y a contrefaçon à faire des copies manuscrites d'une œuvre non tombée dans le domaine public, lorsqu'on se propose d'en faire usage pour l'exploitation d'un cabinet de lecture. La location de copies manuscrites tombe sous le coup des articles 425 et 426, C. P.; en effet, cet article 426 déclarant délictueux le débit d'ouvrages contrefaits, cette disposition ne doit pas être entendue dans un sens restrictif, mais doit être appliquée aux divers moyens que peut employer un contrefacteur pour tirer commercialement parti de sa contrefaçon. Paris, 13 mai 1887. (*Ann. propr. ind.*, 87. 311.)

219. De même, on ne saurait considérer comme faites pour un usage personnel les copies manuscrites ou non que le chef d'une institution ferait faire en vue de les distribuer à ses élèves. Sinon, comme le dit Gastambide, (p. 122,) les ouvrages propres à l'enseignement et destinés surtout à être vendus dans les écoles seraient dans les mains de leurs auteurs une propriété illusoire ou plutôt cesseraient d'être une propriété.

220. De tout ce qui précède, il résulte qu'une œuvre est contrefaite, alors même que pour la reproduire, on n'a pas recouru au même mode d'expression que lors de l'édition originale ; et, en particulier, toute édition d'une œuvre musicale, faite sans autorisation, est une contrefaçon, quels que soient les signes conventionnels employés pour la notation, si restreint que soit le public auquel elle s'adresse et bien qu'elle soit destinée non à la lecture courante, mais à l'exécution musicale. Des cylindres d'orgues de Barbarie et des planchettes sur lesquelles la composition musicale était notée, au moyen de petites chevilles métalliques, et qu'on utilisait en les introduisant dans un piano où elles faisaient l'office du cylindre dans l'orgue de Barbarie, ont été considérés comme des éditions contrefaites, alors que les morceaux de musique reproduits constituaient une propriété privée. Cass., 13 février 1863. (*Ann. prop. ind.*, 63. 50.)

221. A cette époque, le gouvernement impérial négo-

ciait avec la Suisse la conclusion d'un traité de commerce
qui devait contenir des stipulations pour la garantie des
œuvres littéraires et artistiques ; l'industrie des boîtes
à musique étant alors très prospère en Suisse, cet État
mit comme condition de son adhésion le vote d'une loi
qui annulerait la jurisprudence de la Cour de cassation.
C'est dans ces conditions que fut votée la loi du 16 mai
1866. D'après ce texte, « la fabrication et la vente des
instruments servant à reproduire mécaniquement des airs
de musique qui sont du domaine privé ne constituent le
fait de contrefaçon musicale prévu et puni par la loi du
19 juillet 1793, combinée avec les articles 425 et suivants
du Code pénal ».

Les circonstances dans lesquelles ce texte a été voté
impliquent comme conséquences que cette loi doit être
entendue restrictivement. Il faut admettre que, la loi de
1866 ne s'occupant que de la fabrication et de la vente des
instruments mécaniques, le droit d'exécution est resté en
dehors des prévisions du législateur; il y a donc contrefaçon à exécuter en public et sans autorisation, sur des
boîtes à musique ou autres instruments semblables, des
airs du domaine privé.

222. Sous l'Empire, on ne connaissait guère que l'orgue
de Barbarie où le cylindre fait corps avec l'appareil; depuis, on a fabriqué toute une série d'instruments qui sont
des orgues, dont le clavier est mis en mouvement par
des cartons perforés indépendants, qu'on introduit au
fur et à mesure dans un engrenage et sur lesquels sont

notés par des trous les airs de musique qu'on veut exécuter. Ces cartons perforés qui peuvent convenir à tout une catégorie d'instruments, devaient-ils être assimilés aux orgues de Barbarie, et jouir de l'immunité accordée par la loi du 16 mai 1866, ou rester dans le droit commun, c'est-à-dire être considérés comme des éditions contrefaites ?

Les compositeurs et les éditeurs de musique disaient : la loi de 1866 est une loi d'exception, elle doit être interprétée strictivement ; cette loi a exempté les orgues de Barbarie parce que le cylindre faisait corps avec l'instrument, et ne constituait pas un mode indépendant de reproduction de l'œuvre musicale ; les cartons perforés, au contraire, sont de véritables partitions notées en signes conventionnels spéciaux ; ce ne sont en tous cas que des accessoires interchangeables des instruments mécaniques de musique, ce ne sont pas des instruments ni des parties intégrantes d'instruments.

Les fabricants des cartons répondaient : la loi de 1866 est formelle, elle exempte des droits d'auteur la fabrication et la vente de tous les instruments servant à reproduire mécaniquement des airs de musique ; or, le carton perforé sert à la reproduction mécanique des airs de musique. Les auteurs de la loi de 1866 ont parfaitement prévu toutes ces conséquences puisqu'on leur signalait l'existence des planchettes et la préparation de cartons qui doivent les remplacer. C'est dans ce sens que la Cour de Paris s'est prononcée, 9 janv. 1895 (*Ann.*

prop. ind., 95. 195). Cet arrêt a, en outre, décidé que, depuis la loi du 16 mai 1866, la reproduction des airs de musique a cessé de constituer une contrefaçon musicale, lorsque cette reproduction est faite par des instruments servant à reproduire mécaniquement des airs dé musique.

D'après cette jurisprudence, les cartons perforés qui remplacent aujourd'hui les piquages sur les cylindres doivent être considérés non comme une contrefaçon mais, simplement, suivant les termes de la loi de 1866 comme une mécanique de reproduction.

§ 2. — Des délits autres que celui de contrefaçon.

223. Le législateur ne s'est pas contenté de protéger la propriété artistique et littéraire contre les atteintes résultant de la reproduction, c'est-à-dire de la contrefaçon ; il s'est encore efforcé de prévenir le préjudice pouvant résulter de certains faits qui, dérivant du délit de contrefaçon proprement dit, en sont en quelque sorte la conséquence et qui, dans tous les cas, le favorisent ou le complètent. L'article 426 C. P. prévoit en effet le débit d'ouvrages contrefaits et l'introduction sur le territoire français d'ouvrages qui, après avoir été imprimés en France, ont été contrefaits à l'étranger. Le décret du 28 mars 1852 (art. 2) ajoute à cette énumération l'exportation et l'expédition des ouvrages contrefaisants. Puis.

ainsi que nous l'avons vu, la théorie de la complicité est applicable au délit de contrefaçon d'une œuvre littéraire ou artistique.

224. Le mot « débit » employé par l'article 426 doit s'entendre de toute diffusion dans le public d'une œuvre contrefaite par un mode quelconque de nature à léser les intérêts du propriétaire du droit privatif; le mode le plus fréquent de diffusion est la vente, mais pour qu'il y ait débit, il n'est pas nécessaire qu'il y ait véritable vente, il suffit qu'il y ait, moyennant rémunération, mise à la portée du public d'un objet contrefait, comme par exemple, dans un cabinet de lecture.

225. Bien que l'article 426 ne parle que du débit d'ouvrages contrefaits, il faut comprendre sous son application le simple fait de l'exposition en vente. En effet la loi veut punir le débitant; or être débitant, c'est offrir au public des marchandises bien qu'elles ne soient pas toujours achetées. On est d'accord pour dire qu'il n'est pas nécessaire qu'il y ait vente effective, mais qu'il suffit pour l'existence du délit de débit, que des exemplaires de l'édition contrefaite aient été trouvés exposés dans les magasins d'un libraire. Mais ne constitue pas le délit prévu et puni par l'article 426 le fait d'exposer des objets contrefaits sous les yeux du public dans le but non de les vendre mais de montrer uniquement l'usage qu'on peut en faire pour la décoration des meubles artistiques; l'élément essentiel du délit, c'est-à-dire la mise en vente ou l'exposition en vente, ne se rencontre pas dans l'espèce. Car, si on peut dire que la tentative de débit, telle que la mise en vente, doit être assimilée au débit, il faut que la vente de l'objet contrefait soit le but visé, et, en présence du texte, on ne peut dire que toute utilisation de la chose contrefaite est punissable. Paris, 20 décembre 1894. (*Ann. prop. ind.*, 95-189).

Au contraire, l'exhibition et la communication d'un catalogue illustré et d'albums photographiques contenant la reproduction de nombreuses contrefaçons par la gra_vure ou la photographie, et servant à offrir aux acheteurs des objets contrefaits, équivalent à la mise en vente d'objets contrefaits. Trib. Seine, 12 janvier 1894. (*Gaz. des Trib.*, 7 juin.)

226. La loi française prohibe l'introduction en France des ouvrages qui, après avoir été imprimés en France, ont été contrefaits à l'étranger; cette interdiction, malgré le silence de l'article 426, s'applique aussi aux contrefaçons des œuvres d'art; on est d'accord pour reconnaître que, sur ce point, sa rédaction est vicieuse. Dans l'état actuel de notre législation, l'article 426 n'est plus exact en parlant des ouvrages « qui après avoir été imprimés en France ont été contrefaits à l'étranger »; le décret du 28 mars 1852 assimile de tous points les ouvrages imprimés à l'étranger à ceux imprimés en France; donc l'introduction sur le territoire français d'ouvrages contrefaits est interdite, quel que soit le pays où l'édition originale a vu le jour.

L'article 426 a moins d'application depuis la multiplication des traités internationaux et la convention de Berne; mais les auteurs et les artistes français usent peu des droits qui leur sont accordés par ces traités; ils demandent fort rarement aux tribunaux étrangers de punir la contrefaçon commise à leur détriment. En poursuivant l'introducteur, l'auteur se dédommagera de n'avoir pu atteindre pratiquement le contrefacteur.

227. On est d'accord pour reconnaître qu'au point de vue de la répression pénale, l'introduction à titre de transit doit être traitée de même que l'introduction faite à titre d'importation définitive. D'ailleurs, en cette matière, le transit des ouvrages contrefaits est formellement interdit; une loi de douanes du 6 mai 1841 déclare marchandises prohibées et comme telles exclues du transit les livres imprimés à l'étranger en contrefaçon d'ouvrages français. Cette loi applique également la prohibition à tous les ouvrages dont la reproduction a lieu par les procédés de la typographie, de la lithographie ou de la gravure. Paris, 8 mai 1863. (*Ann. propr. ind.*, 63. 165.)

228. La loi de douanes du 7 mai 1881 prohibe également à la sortie les contrefaçons en librairie. La loi donne à l'auteur une arme nouvelle et puissante puisqu'elle lui assure le concours des agents de la douane et leur surveillance permanente; l'auteur sera averti d'une contrefaçon qu'il ignorait, il pourra la poursuivre efficacement avant qu'elle n'ait passé la frontière.

229. On a vu précédemment, en matière de brevets d'invention, qu'il y avait introduction tombant sous l'ap-

plication de la loi pénale dans le fait d'introduire en
France des objets fabriqués, licitement d'ailleurs, à
l'étranger par un cessionnaire du breveté, du moment où
cette introduction était de nature à porter atteinte aux
droits privatifs que le breveté s'était réservés en France
ou qu'il avait accordés à un tiers cessionnaire. Les mêmes
motifs qui nous ont fait approuver cette décision se
retrouvent ici. Mais, dira-t-on, l'article 426 parle de l'introduction d'ouvrages contrefaits à l'étranger ; or, l'ouvrage introduit n'est pas contrefait, puisqu'il a été publié
avec le consentement de l'auteur, et on ne peut pas appliquer l'article 426. Cette introduction est illicite parce
qu'elle a lieu contre la volonté de l'auteur. L'ouvrage
n'a le droit d'exister qu'en dehors de la frontière, s'il est
vendu en France, il porte atteinte au droit exclusif de
l'auteur. La reproduction licite, tant que l'ouvrage reproduit circulait dans le pays déterminé par le contrat de
cession, devient illicite, c'est-à-dire contrefaçon dès que
l'ouvrage entre en France. Sans doute l'article 426 ne ·
déclare punissable que l'introduction portant sur des
ouvrages « qui ont été contrefaits à l'étranger », mais
cet article envisage le cas, qui se présentera le plus
souvent, de l'introduction en France d'un ouvrage publié
à l'étranger en violation des droits de l'auteur, mais il ne
permet pas l'introduction dans les autres cas. Pourtant,
M. Lyon-Caen n'admet pas que l'introduction, dans le cas
dont nous nous occupons, soit un délit ; à moins d'une
clause formelle, en ce sens, dans un instrument diplo-

matique il n'admet pas l'extension du délit. (*Revue de dr. internat.*, 1884, p. 458.)

230. L'introduction en France d'un ouvrage imprimé dans un pays qui ne reconnaît pas la propriété littéraire tombe sous l'application de l'article 426, si cet ouvrage est la reproduction d'un ouvrage non tombé dans le domaine public. De même encore, l'ouvrage, reproduit licitement dans un pays où le droit privatif de l'auteur dure moins longtemps qu'en France, ne pourrait être introduit dans un pays où le droit privatif subsiste encore, sans provoquer l'application de l'article 426. La jurisprudence s'est cependant prononcée dans un sens contraire. Cass., 25 juillet 1887 (*Ann. propr. ind.*, 88. 325. P., 88. 1. 24 et la note de M. Lyon-Caen.) Cet arrêt a été unanimement critiqué ; pour apprécier si l'introduction est illicite, il ne faut pas se baser sur la loi du lieu de publication, comme le dit la Cour de cassation, mais se référer à la loi française ; car c'est le droit d'auteur tel qu'il est réglementé par la loi française que le législateur a voulu protéger en punissant l'introduction. « On ne peut pas dire, dit M. Lyon-Caen, que le droit reconnu en France sur les œuvres étrangères est le droit consacré par la loi étrangère. Cela n'est vrai qu'au point de vue de la durée du droit, non de ses attributs. Le droit d'empêcher l'introduction d'exemplaires reproduits sans son consentement est un des attributs essentiels du droit d'auteur d'après la loi française ».

SECTION V

De la contrefaçon en matière de dessins et de modèles de fabrique et des infractions qui lui sont assimilées.

231. On a nié que la contrefaçon des dessins et des modèles de fabrique fût un délit correctionnel ; la loi de 1806, a-t-on dit, était spéciale aux dessins de tissus de la ville de Lyon ; or, un délit ne peut résulter que d'une loi générale. Les extensions successives que le texte primitif a reçues résultent de décrets et d'ordonnances qui ne peuvent créer des d lits et des peines. La loi de 1806 n'édicte aucune peine correctionnelle, elle ne prévoit dans son article 15 que la revendication exercée devant le tribunal de commerce ; la juridiction pénale est donc exclue et incompétente. Il est facile de refuter cette opinion. La compétence de la juridiction correctionnelle ressort, non de la loi de 1806, mais du Code pénal (art. 425) où il est dit que le délit de contrefaçon existe quand il y a « édition imprimée ou gravée au in pris des lois et règlements relatifs à la propriété des auteurs ». Et on ne peut contester que la loi de 1806 et les extensions qu'elle a reçues font partie de ces lois et règlements. De plus, le législateur du Code pénal a dû penser à cette loi de 1806 puisqu'il a placé l'article 425 dans une section concernant « la violation des règlements relatifs aux manufactures, au commerce et aux arts ».

C'est en 1835 que les tribunaux ont eu à trancher pour la première fois la question de savoir si la loi de 1806 peut être complétée sur ce point par l'article 425, C. P.; la Cour de Paris a décidé que, si le fabricant, qui a rempli les formalités du dépôt, a la faculté de revendiquer la propriété de son dessin devant le tribunal de commerce, il ne s'ensuit nullement qu'il lui est interdit de porter une plainte devant la juridiction correctionnelle. Paris, 19 février 1835 (S., 35. 2. 161).

D'après cette jurispiudence, la contrefaçon des dessins industriels étant le délit prévu par l'article 425 et suivants du Code pénal, l'étude de la contrefaçon dans ce cas particulier se confond avec celle de la contrefaçon des œuvres littéraires et artistiques; nous nous contenterons d'indiquer quelques applications particulières que les tribunaux ont faites de théories que nous avons étudiées précédemment.

232. La violation des conditions d'un marché qui avait autorisé un tiers à fabriquer un dessin ou un modèle de fabrique dans de certaines limites doit être punie comme une véritable contrefaçon; ainsi la fabrication d'objets sciemment effectuée au delà de la quantité permise. Cass., 23 mars 1888. (*Ann. propr. ind.*, 89. 231.) Mais si l'industriel qui s'est rendu acquéreur d'un dessin ne paye pas le prix convenu, il n'y aura dans ce fait que les éléments d'une action civile basée sur l'inexécution d'une obligation, mais non les faits constitutifs de la contrefaçon; l'acheteur a acquis régulièrement la propriété et l'usage du dessin, le simple refus de payer son prix ne le rend pas contrefacteur.

233. La détermination du moment où la tentative se transforme en contrefaçon est soumise aux mêmes règles que quand il s'agit de contrefaçon d'œuvres littéraires ou artistiques. Il n'y a donc aucun délit dans le fait de confectionner un moule, une planche en dehors de toute exécution du dessin, de toute fabrication du modèle. Mais il y a contrefaçon véritable d'un modèle de fabrique lorsqu'on a produit un spécimen de modèle à titre d'essai, alors même que l'on aurait employé à cet effet une substance autre que celle usitée pour les objets destinés au commerce. Trib. corr. Seine, 16 décembre 1885. (*Ann. propr. ind.*, 86. 157.)

234. Comme en matière d'œuvres littéraires et artistiques, une personne peut, en empruntant des éléments au domaine public et en les combinant d'une manière originale, donner naissance à un dessin ou à un modèle que les tiers ne peuvent reproduire qu'en s'exposant aux peines de la contrefaçon. Pour que le délit soit caractérisé, il n'est pas besoin d'une reproduction brutale, il suffit qu'entre les deux dessins, il puisse y avoir confusion. Si l'objet incriminé reproduit l'aspect de l'ensemble de l'original, abstraction faite des changements de détail apportés au dessin, il y aura contrefaçon; car c'est par les ressemblances et non par les différences des deux dessins qu'il faut apprécier s'il y a délit. Trib. corr. Seine, 12 décembre 1894. (*Rev. prat. de dr. ind.*, 95. 43.) Toutefois, si on doit proscrire les similitudes de dessin, on ne doit pas interdire la simple ressemblance d'effets; car, en mettant obstacle à l'introduction de genres variés et de perfectionnements, on nuirait à l'industrie des tissus.

DE LA PROCÉDURE EN MATIÈRE DE CONTREFAÇON

CHAPITRE PREMIER

DE LA CONSTATATION DES FAITS DE CONTREFAÇON AVANT QUE L'ACTION SOIT INTENTÉE

235. Avant de s'engager dans les risques d'un procès en contrefacon, tout titulaire d'un droit intellectuel prend soin de recueillir les preuves de nature à établir que son adversaire est un contrefacteur. Cette précaution n'est pas nécessaire, et si l'intéressé croit que la contrefaçon ne sera pas déniée, il peut même se dispenser de toute preuve et s'en remettre aux aveux du prévenu. Toutefois, en matière pénale, l'aveu du prévenu ne suffit pas à prouver sa culpabilité et il n'est pas indivisible comme en matière civile, mais c'est une grave présomption contre l'accusé et c'est au juge à tenir compte des circonstances dans lesquelles l'aveu est fait. La Cour de cassation ne peut casser une condamnation fondée uniquement sur l'aveu du prévenu.

236. Mais généralement, le titulaire du droit de poursuite ne commence la poursuite qu'après s'être mis en mesure de prouver le fait qu'il argue de contrefaçon; différents moyens lui sont offerts pour se procurer ces preuves. L'un des moyens le plus souvent employés consiste à acheter le produit incriminé et à se faire délivrer une facture qui constate son origine. Dans certains cas, l'achat de ce produit peut être considéré comme une provocation à commettre le délit même de contrefaçon, ce qui fait que la preuve ainsi acquise peut devenir inutile au moment opportun.

237. La facture, délivrée à la suite de l'achat et comme preuve d'origine des marchandises, ne peut pas être utilement remplacée par un simple constat d'huissier; car, en matière de marques de fabrique et d'inventions brevetées, la simple description sans saisie doit être opérée à peine de nullité en vertu d'une ordonnance du président du tribunal ou du juge de paix. Orléans, 19 juin 1883. (D. 85. 2. 189.) (*Contra*, Pouillet, *Marq. de fabr.*, n° 223.)

238. D'ailleurs, il n'est pas toujours suffisant d'obtenir par un achat l'objet incriminé; ainsi, en matière d'invention brevetée au cas où la contrefaçon porterait sur un procédé de fabrication, il ne suffirait pas de se procurer l'objet fabriqué, même avec facture à l'appui. En ce cas et même toujours le titulaire de droits privatifs fera bien de recourir, soit à la description, soit à la saisie du produit ou de l'objet qu'il prétend contrefait.

Le législateur a réglementé l'un et l'autre de ces moyens de preuve; les règles ne sont pas toujours les mêmes pour chacune d'elles, suivant qu'il s'agit de brevets d'invention, de marques ou de propriété littéraire et artistique. Mais il est un principe commun à tous ces droits, c'est que l'intéressé peut toujours intenter une action en contrefaçon sans avoir préalablement recouru à l'un ou à l'autre de ces moyens de procéder. Donc, à défaut de la preuve résultant de la saisie, toutes les preuves de droit, telles que celles provenant de témoignages ou de rapports d'experts, peuvent être invoquées par les parties. Au contraire, le tribunal ne peut plus connaître de la poursuite, lorsque, d'après le libellé de la citation, la poursuite n'est pas fondée sur une autre base que le procès-verbal de saisie annulé par un jugement.

239. La saisie n'étant qu'un moyen de prouver le délit de contrefaçon, la nullité de la saisie ne fait pas obstacle à l'exercice de l'action soit civile soit correctionnelle; la contrefaçon peut alors être établie par toute autre voie notamment par l'audition de témoins, par l'aveu du prévenu ou par l'examen de papiers registres et correspondances. C'est au juge du fait à apprécier souverainement si, malgré la nullité de la saisie, ou ce qui équivaut au même résultat, l'absence de saisie, la contrefaçon est suffisamment établie pour motiver une condamnation.

La nullité de la saisie n'éteignant pas l'action, et ne

rendant pas licite l'existence de l'objet argué de contrefaçon, il faut admettre que cet objet peut être saisi de
nouveau, même au greffe du tribunal où il avait été déposé à la suite de la saisie. Mais si la saisie annulée étant
la seule preuve du délit, le défendeur avait été acquitté,
le même objet ne peut pas être saisi de nouveau, parce
qu'il y a autorité de la chose jugée; c'est le mal fondé
reconnu de l'action que rend impossible une nouvelle
saisie.

240. Les personnes compétentes en la matière pour
procéder valablement à une saisie ou à une description
pourront pénétrer en tous lieux, quelle que soit la nature
de la contrefaçon, pour faire les constatations nécessaires.
Une saisie-description pourra donc être faite dans le local
d'une exposition publique; même dans les parties affec-
tées à des produits étrangers, les constatations relatives à
un fait considéré en France comme délictueux y sont valables, car ce local est toujours soumis à l'empire des
lois françaises. Une saisie-description pourrait être pareil-
lement faite dans un établissement militaire, mais nous
croyons qu'il faudra l'autorisation du commandant
d'armes. En effet la loi du 10 juillet 1791 a confié au ministre de la Guerre tous les établissements militaires, et
un décret du 24 décembre 1811 défend aux autorités
civiles d'entrer dans ces établissements sans l'autorisation du commandant d'armes, sauf le cas de flagrant
délit.

241. Nous avons dit, que la saisie et la description

qui, en nos matières, sont toujours facultatives, ne sont pas soumises aux mêmes règles dans chacune des branches des droits intellectuels. Nous allons successivement rechercher quelles sont ces règles en matière de brevet d'invention, de marque de fabrique, de nom commercial, de propriété littéraire et artistique et de dessins industriels.

Section I.

De la saisie et de la description en matière d'inventions brevetées.

242. Faisons d'abord observer que, la contrefaçon étant un délit, le breveté peut espérer qu'en déposant une plainte au parquet, le procureur de la République fera ouvrir une instruction pour constater les preuves du délit. Cette procédure est inusitée.

243. Aussi les brevetés recourent fréquemment à la saisie ou à la description qu'organise l'article 47 de la loi de 1844. Ce texte est ainsi conçu : « Les propriétaires de brevet pourront, en vertu d'une ordonnance du président du tribunal de première instance, faire procéder, par tous huissiers, à la désignation et description détaillées, avec ou sans saisie, des objets prétendus contrefaits. L'ordonnance sera rendue sur simple requête, et sur la représentation du brevet ; elle contiendra, s'il y a lieu, la nomination d'un expert pour aider l'huissier dans sa description. Lorsqu'il y aura lieu à la saisie, ladite ordonnance pourra imposer au requérant un cautionnement qu'il sera tenu de consigner avant d'y faire procéder. Le cautionnement sera toujours imposé à l'étranger breveté qui requerra la saisie. Il sera laissé copie au détenteur des objets décrits ou saisis, tant de l'ordonnance que de l'acte constatant le dépôt du cautionnement, le cas échéant, le tout à peine de nullité et de dommages-intérêts contre l'huissier ».

244. La description, sans saisie, a pour but unique de constater la contrefaçon ; elle laisse l'objet incriminé à la libre disposition de celui que le breveté prétend contrefacteur ; elle se borne à préciser la nature, le caractère, les éléments de cet objet, de façon à permettre aux juges de le comparer avec l'objet du brevet. La saisie sert d'abord à constater la contrefaçon, puis elle met sous la main de la justice l'objet prétendu contrefait, c'est une présomption de culpabilité, une confiscation provisoire.

245. Qu'il s'agisse de procéder à une saisie ou à une simple description, une ordonnance du président du tribunal dans le ressort duquel doit se faire la constatation est toujours nécessaire. On se demande si le président peut refuser ou non, sur la demande qui lui en est faite, d'autoriser la saisie des objets argués de contrefaçon ; la question est vivement controversée.

D'après une première opinion, le président ne peut se

refuser à autoriser la saisie ; MM. Blanc (*Traité de la contrefaçon*, p. 648 et s.) et Bedarride (*Des brev. d'inv.*, t. II, n° 624), s'appuyant sur le texte de l'article 47, « les propriétaires du brevet *pourront* faire procéder par..... », en concluent qu'il appartient au breveté seul d'opter entre la saisie et la description. Ils rappellent un passage de l'exposé des motifs de la loi de 1844 présenté à la Chambre des pairs où il est dit : « la partie lésée a le choix de procéder par voie de saisie ou de simple description ». Enfin ils font observer que les inconvénients de cette liberté laissée au breveté sont balancés par la faculté donnée au président d'ordonner le dépôt d'un cautionnement, en cas de saisie.

D'après une seconde opinion, le président a un pouvoir absolument discrétionnaire pour apprécier la demande qui lui est faite, et il peut, en conséquence, refuser d'autoriser la saisie. En effet, malgré la garantie du cautionnement, la saisie réelle peut causer un préjudice irréparable à celui sur lequel elle est pratiquée, en paralysant ou même en arrêtant sa fabrication, et dans certains cas, les dommages-intérêts alloués à la partie saisie ne pourront compenser le préjudice qui lui a été causé par la saisie inopportune du breveté. Enfin, l'on ne concevrait pas que l'autorisation du président fût nécessaire pour pratiquer la saisie, si ce magistrat n'avait pas le droit de refuser au breveté l'autorisation qu'il sollicite.

Mais on reconnaît généralement que si le président refuse au breveté l'autorisation de pratiquer la saisie, il ne peut se refuser à autoriser tout au moins la description. En effet, cette mesure ne présente pas d'inconvénients pour le prétendu contrefacteur et son absence pourrait compromettre le succès des poursuites en contrefaçon ; du texte de l'article 47 « les propriétaires de brevets pourront, en vertu d'une ordonnance, faire procéder à la description détaillée..... », il résulte que le législateur a entendu reconnaître au breveté le droit de faire procéder à la description des objets contrefaits, et il n'exige l'intervention du président qu'à raison des garanties à imposer au breveté dans l'intérêt du prétendu contrefacteur. (Nouguier, *Brev. d'inv.*, n° 844 ; Picard et Olin, *Brev. d'inv.*, n° 647 ; Pouillet, *Brev. d'inv.*, p. 725, note 2 ; Lyon-Caen, *Rev. crit.*, 1886, p. 355.)

246. L'article 47 consacre entre la saisie et la description une différence facile à justifier; lorsque le président du tribunal autorise la saisie, il peut imposer au breveté la nécessité de fournir une caution, alors que cette obligation ne peut jamais être mise à la charge du breveté qui se borne à faire faire une simple description des objets argués de contrefaçon. La jurisprudence, se basant sur les termes généraux de l'article 47 de la loi de 1884, a décidé que le président peut prescrire le dépôt d'un cautionnement, alors même que la saisie qu'il autorise, en même temps que la description, ne doit porter que sur de simples échantillons. Cass., 14 mars 1888. (S., 90. 1. 505.) Trib. Seine, 18 janvier 1890. (S., 90. 2. 248.)

Le chiffre du cautionnement est le plus souvent indiqué

dans l'ordonnance à fin de saisie, mais au cas de silence sur ce point, le dépôt d'un cautionnement peut être ordonné en référé, et à partir de l'assignation au principal par le tribunal civil; ce dépôt ne doit pas être nécessairement ordonné avant la saisie. Trib. Seine, 7 août 1889. (*Ann. propr. ind.*, 93. 104.)

Le breveté, à qui le président a imposé le dépôt d'un cautionnement, peut se contenter de la description sans saisie; de cette manière, il évitera le dépôt. Le contrefacteur ne pourrait pas l'obliger à saisir pour le forcer à verser le cautionnement imposé; le breveté autorisé à saisir peut *a fortiori* décrire sans saisie, sans avoir besoin d'une nouvelle ordonnance.

Le cautionnement doit être déposé à Paris à la Caisse des dépôts et consignations, et dans les départements aux caisses publiques qui sont chargées de ce service; mais dans le silence de la loi, le dépôt peut être exécuté ailleurs.

Il semble que le cautionnement doit être fourni en argent, car on ne peut consigner qu'une somme d'argent; mais il serait bien rigoureux de ne pas permettre au saisissant de fournir une caution bonne et valable, s'il lui est impossible ou difficile de déposer une somme d'argent.

Dans le cas où le cautionnement a été ordonné, l'huissier ne peut, sous sa responsabilité, procéder à la saisie que si préalablement le breveté a consigné le montant du cautionnement.

247. La loi de 1844 n'indique pas de quels éléments le juge doit tenir compte lorsqu'il est appelé à déterminer l'importance du cautionnement à fournir par le breveté; il semble que les juges du fond jouissent du pouvoir discrétionnaire le plus large, et qu'ils sont seuls maîtres d'en fixer le montant en suivant les règles de l'équité.

Un arrêt de la Cour de Lyon fixa à 25 000 francs le cautionnement à déposer par le breveté, alors que la valeur des liquides saisis était presque nulle, mais le défendeur prétendait que ce prélèvement était de nature à révéler un secret de fabrique et à lui causer un préjudice considérable. Cet arrêt est parfaitement conforme au texte de la loi ; le cautionnement peut être imposé toutes les fois qu'on enlève au saisi une partie quelconque de sa propriété, et le chiffre est laissé à l'appréciation du juge. Mais, en fait, il refuse au breveté les moyens de constater la contrefaçon. Lyon, 24 mars 1887, sous Cass., 14 mars 1888. (S., 90. 1. 103.) (*Ann. propr. ind.*, 88. 288.)

248. L'article 47 impose au juge la nécessité d'exiger la prestation d'un cautionnement, lorsque l'autorisation de saisir est sollicitée par un breveté étranger; mais le cautionnement n'est plus obligatoire si l'étranger est admis à jouir en France de ses droits civils, ou s'il appartient à une nation liée avec la France par un traité dispensant expressément les nationaux des deux pays des formalités ordinairement imposées aux étrangers.

On sait que les étrangers non admis à domicile sont

obligés de fournir une caution appelée caution *judicatum solvi*, lorsqu'ils sont demandeurs dans un procès et qu'ils n'appartiennent pas à un pays dont les citoyens n'ont pas été dispensés par traité de la prestation de cette sûreté. Chacune des cautions dont nous nous occupons a un but particulier et répond à un besoin spécial, ce qui fait que, dans le silence des textes relatifs à la caution *judicatum solvi*, celle-ci doit être fournie alors même que le breveté a déjà dû fournir la caution de l'article 47 de la loi de 1844.

Quand l'ordonnance, autorisant un étranger breveté à pratiquer une saisie, ne contient pas l'obligation du dépôt de cautionnement, elle est nulle et ne peut servir de base légale à une saisie. En ce cas, le saisi n'est pas obligé de fournir opposition à l'ordonnance du président, il peut se pourvoir devant le tribunal correctionnel par voie d'exception et demander la nullité de la saisie.

249. Nous avons vu que le président peut seul autoriser la saisie ou la description des objets prétendus contrefaits, mais le président peut-il rendre une ordonnance générale, c'est-à-dire une ordonnance où il ne désigne pas nominativement les personnes chez lesquelles se fera la perquisition qu'il autorise, et qui ne contient aucune indication de nature à préciser le lieu ou l'époque où la saisie-description doit être faite? C'est une question controversée. La Cour de cassation, appuyée par une partie de la doctrine, admet la validité de ces ordonnances.

(Bozérian, *Propr. ind.*, n° 447. Nouguier, n° 851. Blanc, p. 645 et 655.)

D'après cette théorie, l'obligation de spécifier dans l'ordonnance les personnes chez lesquelles la saisie doit être pratiquée, ne ressort ni des termes, ni de l'esprit de l'article 47. Car, fait-on remarquer, le breveté est dans l'impossibilité de connaître à l'avance les noms de tous ceux qui usurpent son invention, recélent ou débitent les produits de la contrefaçon ; ce serait l'obliger à des lenteurs qui permettraient de faire disparaître le corps du délit. D'ailleurs, la saisie frappant non les personnes, mais les choses, il suffit que l'objet, sur lequel doit peser la saisie, soit spécifié dans l'ordonnance pour satisfaire à la loi.

Nous ne pouvons nous ranger à l'avis de la Cour suprême, et nous pensons que l'article 47 parle d'une ordonnance spéciale à la contrefaçon dénoncée dans la requête. Pouillet. (*Brev. d'inv.*, n° 790.) Darras. (*Marq. de fabr.*, n° 233.) La première condition exigée par l'article 47 pour obtenir une ordonnance à fin de saisie-description, c'est l'existence d'objets contrefaits ; il faut donc les désigner au juge, et on ne peut pas les indiquer sans savoir où ils se trouvent. Si on admet la validité des ordonnances générales, pourquoi n'accorderait-on pas au breveté une ordonnance générale, au moment où il obtient son brevet, qui lui permettrait de saisir pendant toute la durée de son privilège ? Système que la loi de 1844 a entendu proscrire et qu'on ne peut faire revivre d'une

façon indirecte. De plus, l'article 47 autorise le président
à imposer un cautionnement; or, pour en fixer le montant, il faut connaître la situation du contrefacteur, le
nombre des prétendus délinquants et le préjudice pro-
bable que pourra leur causer la saisie. *Contra*, Cass.,
15 juin 1866. (S., 67. 1. 186.)

Bien qu'en principe, les ordonnances de saisie ou de
description ne doivent être considérées comme valables
que si elles sont particulières à une espèce nettement déterminée, on peut dire que l'ordonnance est légale, quand
elle autorise une saisie chez tel contrefacteur désigné et
chez tous autres qui seront, au cours de la perquisition,
reconnus être soit ses complices, soit ses intermédiaires;
car tous ces individus sont unis par le lien d'une même
contrefaçon et ont participé aux mêmes faits.

250. A la question qui vient d'être examinée se rattache celle de savoir s'il est permis de saisir ou de décrire en vertu d'une ordonnance qui précédemment a
déjà été invoquée pour légitimer une autre saisie ou une
autre description ; la négative s'impose comme conséquence de l'opinion que nous avons adoptée à l'égard des
ordonnances générales. Une saisie ne peut être opérée
qu'avec une ordonnance pour la poursuite en vue de laquelle elle est intervenue. « Il serait absolument contraire
à l'esprit de la loi, disent MM. Rendu et Delorme, (p. 549,)
que l'autorisation de saisir demeurât indéfiniment efficace entre les mains du breveté, et qu'il lui suffît de s'être
adressé une fois à la justice pour pouvoir saisir désor-

mais à son jour et à son heure. Ce serait rentrer indirectement dans le système de la loi du 7 janvier 1791 (article 12) qui autorisait la saisie en vertu du brevet seul,
système que la loi de 1844 a voulu abolir ».

La même ordonnance ne peut servir à opérer plusieurs
saisies chez la même personne; une ordonnance ne peut
servir hors du temps, hors du cas pour lequel elle a été
rendue. Si, pour une raison quelconque, le breveté a
besoin d'opérer une seconde saisie chez la même personne,
il doit demander une nouvelle ordonnance.

251. La Cour de cassation s'est encore montrée, à un
autre point de vue, plus large dans l'attribution des pré-
rogatives accordées aux brevetés, que ne le comportait le
texte même dè la loi de 1844 ; il a été, en effet, décidé que
le président peut autoriser la saisie des livres, papiers,
correspondances et tous autres documents qui pourront
servir de preuve à la contrefaçon. L'article 47, pris dans
ses termes rigoureux, ne parle que de la saisie des objets
réputés contrefaits, mais cette disposition doit être ration-
nellement et utilement interprétée ; le législateur, en autorisant la saisie, a voulu que le breveté pût obtenir non
seulement le dédommagement que procure la saisie des
marchandises contrefaites, mais aussi des pièces à conviction pour la poursuite du délit de contrefaçon que l'on
obtiendra par la saisie des correspondances et des livres.
On se base aussi sur l'article 49 de la loi de 1844, qui
prononce, le cas échéant, la confiscation des instruments
servant à la contrefaçon ; or, si la loi prononce la confis-

cation de ces objets, il faut qu'elle en autorise préalablement la saisie, et comme l'article 47 n'en parle pas, on est conduit à interpréter ce texte d'une façon large. M. Pouillet, (*Brev. d'inv.*, nos 770 et 792) fait remarquer que la loi ne fait pas de la saisie préalable la condition nécessaire de la confiscation, mais cet auteur accorde au breveté le droit de compulser les livres du contrefacteur pour y rechercher la preuve du délit. Ce droit paraît aussi exorbitant que la saisie des correspondances ; de cette façon le breveté apprendra tout aussi bien la situation de son concurrent, le chiffre de ses affaires et le nom de ses clients.

En tout cas les recherches, que le breveté est autorisé à faire pour constater la contrefaçon, ne sauraient aller jusqu'à légitimer la vexation, elles ne doivent pas étendre jusque sur les personnes. Le breveté commettrait une violence morale qui le rendrait passible de dommages-intérêts s'il obligeait le prétendu contrefacteur à se dévêtir. Peu importerait que la saisie eût été pratiquée par un huissier et avec l'assistance du commissaire de police. Angers, 18 février 1841. (D. 41. 2. 80.)

252. Au lieu de solliciter la saisie des registres et papiers de commerce du prétendu contrefacteur, le breveté se borne à demander la saisie de quelques-uns seulement des objets argués de contrefaçon. Cette saisie partielle n'implique pas pour le détenteur le droit de se servir des objets non saisis ; il ne peut qu'à ses risques et périls continuer à se servir des objets argués de contrefaçon ;

il engage à la fois et sa responsabilité civile et sa responsabilité pénale. L'article 40 de la loi de 1844 ne distingue pas entre l'emploi antérieur et l'emploi postérieur à l'ouverture de l'instance en contrefaçon, l'atteinte aux droits du breveté étant la même dans les deux cas. Mais s'il y a eu simplement description des objets argués de contrefaçon, la partie saisie peut disposer librement de c 's objets ; toutefois elle fera bien de s'abstenir d'en disposer, non parce que ces objets ont été décrits mais parce qu'en en disposant elle s'expose à être poursuivie, si la contrefaçon est établie, pour vente ou mise en vente d'objets contrefaits.

253. Si nous reprenons l'étude du texte de l'article 47, nous remarquons que ce texte n'attache pas la sanction de nullité au défaut de mention de la représentation du brevet, dans l'ordonnance du président. Mais il paraît juste de décider que l'inventeur ne peut, avant d'être breveté, faire des actes conservatoires, et sur le vu du procès-verbal constatant le dépôt de sa demande, obtenir du président une ordonnance l'autorisant à faire saisir les objets contrefaits.

M. Nouguier (n° 841) pense que l'autorisation de saisir les objets argués de contrefaçon peut être accordée en vertu d'un brevet expiré, si les faits de contrefaçon allégués sont antérieurs à l'expiration du brevet. Mais, pour saisir, il faut un titre qui, dans notre cas, est le brevet d'invention, or il n'existe plus. Mais si le breveté ne peut faire procéder à une saisie, il a le droit de faire opérer une description, car ce n'est pas autre chose qu'un constat, et ce droit lui est accordé sans qu'il ait besoin de recourir à la loi de 1844.

254. Le président peut désigner un expert pour assister l'huissier dans ses constatations ; la description d'une machine, de procédés industriels, exige des connaissances techniques que ne saurait posséder un huissier, il est donc naturel de lui adjoindre un homme de l'art. Mais, il faut bien le remarquer, il ne s'agit pas d'une véritable expertise dans le sens juridique du mot ; l'expert est simplement chargé d'aider l'huissier dans sa description, et n'a pas à examiner les titres des parties, à discuter leurs prétentions, à en reconnaître ou à en dénier le bien ou mal fondé. Ainsi, le président ne peut pas ordonner que ledit expert aura pour mission de déclarer que l'objet signalé par le breveté offre assez d'analogie avec celui décrit dans le brevet pour faire l'objet d'une saisie-contrefaçon. Paris, 22 juillet 1885. (*Ann. propr. ind.*, 85. 361).

255. On a parfois prétendu que la présence du breveté aux recherches de l'huissier chargé de la saisie pouvait être autorisée dans l'ordonnance. Cette opinion paraît critiquable, la présence du breveté peut être pour son adversaire la source de graves préjudices ; enfin, dans toutes les saisies, le saisissant ne doit pas assister à la saisie dont son débiteur est l'objet, et dans le silence de la loi de 1844, il semble difficile d'admettre que le prétendu contrefacteur pourra être obligé de laisser pénétrer son rival dans ses ateliers.

256. De même, dans le silence de l'article 47, le président ne peut commettre un huissier pour dresser le procès-verbal de description et de saisie, sans commettre un excès de pouvoir; l'article 47, ne dit-il pas que les propriétaires du brevet pourront y faire procéder « par tous huissiers ». Cette indication n'est légitime que quand elle est sollicitée par le breveté lui-même, parfois empêché par la notoriété de son adversaire de trouver un huissier qui consente à faire les opérations que comporte la saisie ou la description; dans ce cas, la désignation n'est point imposée au breveté, elle a lieu sur sa demande et dans son intérêt.

257. Existe-t-il un *recours contre l'ordonnance* par laquelle le président autorise le breveté à décrire ou à saisir les objets prétendus contrefaits? Pour répondre à cette question, il faut rechercher à quelle juridiction appartient cette ordonnance. Est-ce à la juridiction gracieuse? Il n'y aura pas de recours possible. Est-ce à la juridiction contentieuse? La voie de l'appel sera ouverte. « D'après M. Chauveau, la juridiction contentieuse est celle qui a pour mission de décider entre les prétentions rivales de deux parties que la loi met en présence; la juridiction gracieuse est celle qui prononce sur les demandes d'une partie que la loi autorise à se présenter seule, sans appeler l'adversaire qui pourrait avoir quelque intérêt à la contredire. » Or notre ordonnance est rendue par le président sur la simple requête du breveté en l'absence de tout adversaire, de tout contradicteur; elle émane donc de la juridiction gracieuse et aucun pouvoir ne peut la reformer. Le président statue dans la plénitude de son pouvoir discrétionnaire.

258. Mais le président lui-même pourrait-il reformer ou modifier son ordonnance? Ce magistrat ajoute toujours à son ordonnance qu'en cas de difficulté il lui en sera référé; il est donc compétent pour statuer sur le recours introduit devant lui relativement à cette première ordonnance, à raison de la réserve qu'il y a insérée. Cette seconde ordonnance ainsi rendue en référé est, au contraire, une décision contradictoire, rendue en vertu de la juridiction contentieuse, elle est par suite susceptible d'appel. Ce n'est pas l'avis de M. Nouguier, (n° 845) ; autrefois la jurisprudence donnait la même solution que cet auteur, mais depuis quelques années elle s'est prononcée dans un sens opposé. Un arrêt de la Chambre civile de la Cour de cassation (10 nov. 1885, S. 86. 1. 9) a décidé : que l'ordonnance rendue après débats contradictoires par le président en vertu de la réserve de lui en référer en cas de difficulté, insérée dans une ordonnance par laquelle il avait autorisé une saisie-arrêt, était susceptible d'appel; que cette ordonnance, ayant pour objet l'exécution d'une décision de justice, avait tous les caractères d'une ordonnance de référé et qu'elle était par suite susceptible d'appel (art. 809, C. Pr. C.) Ces principes sont évidemment applicables au cas d'une ordonnance rendue

par le président conformément à l'article 47 de la loi de
1844, et autorisant une saisie d'objets argués de contrefaçon.

259. Mais quelle sera la situation, lorsque le tribunal
compétent aura été saisi du fond même de la demande,
avant que le juge des référés ait été saisi de l'appel de
l'ordonnance autorisant la saisie ? En matière de saisie-
arrêt, si le référé survient après la dénonciation de l'opposition. et par suite après que le tribunal aura été saisi
d'une instance principale en validité, la Cour de cassation refuse sans hésitation d'admettre que le juge des
référés puisse, en présence d'une demande en validité
portée devant le Tribunal, rapporter l'autorisation qu'il
avait accordée. En matière de saisie-contrefaçon, la Cour
de cassation a décidé (31 mai 1886, *Ann.* 87-48), que
lorsque la saisie avec description d'objets argués de contrefaçon, a été suivie dans le délai de huitaine d'une assignation donnée devant le tribunal, par le propriétaire du
brevet au prétendu contrefacteur, le président du tribunal
ne pouvait, en vertu de la réserve de lui en référer con-
tenue dans cette ordonnance, la rétracter purement et
simplement par une ordonnance ultérieure ; le procès-
verbal de description et de saisie étant devenu alors
l'accessoire légal et nécessaire de la poursuite en contrefaçon, avec laquelle il formait un tout indivisible, le président ne pourrait donc en annulant ce procès-verbal
priver le demandeur de constatations qu'il avait obtenues
et enlever à la poursuite un de ses éléments essentiels,

260. Mais si le président ne peut rétracter son ordonnance, peut-il la modifier, transformer une saisie réelle en une saisie-description, ou réduire une saisie réelle à la saisie d'un échantillon des objets argués de contrefaçon ? Oui, parce qu'en agissant ainsi, il ne préjudiciera jamais au fond, et c'est là qu'il importe de bien remarquer les différences essentielles qui distinguent la saisie-arrêt de la saisie-contrefaçon. La saisie-arrêt est une mesure conservatoire ; si peu qu'il modifie l'ordonnance qui l'autorise, le président préjudicie au fond puisqu'il diminue le gage du créancier, il touche au principal ; la saisie-contrefaçon n'est pas une mesure conservatoire, elle n'est considérée par la loi de 1844 que comme moyen de preuve, la modifier en la restreignant ce n'est pas toucher au principal ; le procès-verbal de description reste pour fournir aux débats les preuves de la contrefaçon. (C. Aix, 22 novembre 1894, *Ann.*, *propr. ind.* 95-2).

261. M. Bertin, dans son ouvrage : « *Les Ordonnances sur requête* », (nº 124 et s.), a très bien établi la différence qui existe entre l'ordonnance autorisant la saisie et l'ordonnance rendue en référé, pourquoi l'une est susceptible d'appel et l'autre ne l'est pas. Il montre que les hésitations de la jurisprudence viennent de ce qu'on ne s'était pas rendu un compte exact de la qualité dans laquelle agissait tour à tour le président, rendant d'abord une ordonnance sur requête et ensuite une ordonnance de référé. Ce qui fait naître quelquefois la confusion, c'est que la personne du président, restant toujours la même, on n'a pas remarqué qu'il jouait dans les deux cas deux rôles différents, et qu'il prononçait en vertu d'attributions absolument distinctes : si les parties viennent en référé après la première ordonnance, ce n'est pas par suite et en continuation de cette ordonnance, encore qu'elle ait réservé le droit de référé ; l'ordonnance sur requête une fois rendue, le président a épuisé son pouvoir gracieux, il en est dessaisi. La mesure du référé émane d'un tout autre ordre d'idées, il est en dehors du pouvoir gracieux ; il n'est pas dans les attributions exceptionnelles du président, il constitue une véritable juridiction, devant laquelle les parties, s'il y a urgence, ont toujours le droit de se présenter, dans les cas prévus par la loi.

262. Le dernier paragraphe de l'article 47 impose à l'huissier, sous peine de dommages-intérêts et de nullité de l'acte, la nécessité de laisser copie au détenteur des objets décrits ou saisis, de l'ordonnance et de l'acte constatant, le cas échéant, le dépôt de cautionnement. Il faut que la personne saisie connaisse la raison de la perquisition qu'on pratique chez elle, l'étendue du droit conféré au breveté, et les conditions qui lui ont été imposées. La loi de 1844 a omis de dire que l'huissier devait laisser au saisi copie du procès-verbal de saisie, mais les principes du droit commun exigent qu'il soit laissé copie de cette pièce. L'huissier devrait rédiger sur place et séance tenante l'original et la copie de la saisie, mais en pratique, cela ne se fait pas.

263. La saisie ou la description faite en vertu de la

loi de 1844 est nulle, dans les termes du droit commun, lorsque l'huissier n'a pas observé les formalités qui lui sont imposées par la loi dans la rédaction de ses actes. Indépendamment de ces nullités dont nous n'avons pas à nous occuper, la saisie ou la description, en matière de brevets d'invention, peut être frappée de nullités d'ordre spécial; il en est notamment ainsi lorsque les procédures n'ont pas été précédées d'une ordonnance du président du tribunal civil, lorsque le cautionnement requis des brevetés français ou étrangers n'a pas été fourni, lorsque le cautionnement n'a pas été exigé du breveté étranger, lorsque l'huissier n'a pas laissé copie des pièces indiquées dans l'article 47.

264. L'article 48 de la loi de 1844 établit une nouvelle nullité, lorsqu'il dispose qu' « à défaut, par le requérant, de s'être pourvu, soit par la voie civile, soit par la voie correctionnelle dans le délai de huitaine, outre un jour par trois myriamètres de distance entre le lieu où se trouvent les objets saisis ou décrits et le domicile du contrefacteur, recéleur, introducteur ou débitant, la saisie ou la description sera nulle de plein droit, sans préjudice des dommages-intérêts qui pourront être réclamés, s'il y a lieu, dans la forme prescrite par l'article 36 », c'est-à-dire dans la forme prescrite pour les affaires sommaires.

Le délai de huitaine dont il est question dans l'article 48 est un délai de huit jours francs; il suffit, pour satisfaire aux exigences de la loi, que l'assignation ait été lancée dans ce délai, mais l'ajournement peut être donné pour une période postérieure à la saisie de plus de huit jours.

Lorsqu'il est procédé, en vertu d'une même ordonnance, à plusieurs saisies ou descriptions chez diverses personnes et ce à des dates différentes, le délai de huitaine commence à courir au profit de chacune de ces personnes à partir du moment où, en ce qui la concerne, l'ordonnance du président se trouve avoir été exécutée.

Il n'est pas nécessaire de faire suivre d'une assignation nouvelle les saisies d'objets contrefaits, pratiquées pendant le cours d'une instance en contrefaçon; ces nouvelles saisies auront eu pour but soit d'établir la persistance du préjudice, soit de démontrer d'une manière plus complète l'étendue et l'objet de la contrefaçon. En effet, si la loi exige pour la validité de la saisie un aussi court délai de comparution devant la justice, c'est pour éviter que le breveté ne retarde indéfiniment la fabrication du saisi et ne lui cause un préjudice hors de proportions avec le délit; dans notre cas, la poursuite est engagée, une nouvelle assignation serait inutile.

265. Le breveté peut ne pas suivre la saisie, c'est-à-dire ne pas lancer d'assignation, soit qu'il ait reconnu son action mal fondée, soit qu'il sache la saisie viciée par quelque nullité; dans ce cas la saisie ou la description est nulle de plein droit. Mais nous savons que cette nullité n'enlève pas au breveté le droit de poursuivre la contrefaçon, et, en particulier, d'intenter une action civile en dommages-intérêts.

La nullité de la saisie ou de la description d'un objet argué de contrefaçon qui n'a pas été suivie dans la huitaine d'une instance civile ou correctionnelle régulière doit être prononcée par le tribunal civil ; la partie saisie ne peut pas être le propre juge de son droit. On ne pourrait agir valablement devant les tribunaux correctionnels dont la compétence n'existe que dans les cas spécialement indiqués par la loi. Le juge des référés ne pourrait pas non plus prononcer cette nullité, car en le faisant, il retracterait son ordonnance, ce qui ne lui est pas permis.

Toute personne qui est atteinte même indirectement par la saisie ou contre qui elle fait preuve est recevable à en demander la nullité. Ainsi, si on a saisi une marchandise contrefaite chez un débitant, et qu'à la suite de cette saisie, le breveté ait assigné conjointement le débitant et le fabricant, ce dernier peut demander la nullité de la saisie, quoiqu'elle n'ait pas été faite sur lui. Le saisi qui demande la mainlevée de la saisie, peut porter sa demande devant le tribunal du domicile du saisissant, ou devant le tribunal du lieu de la saisie par assignation donnée au domicile élu ; le breveté ayant, pour la validité de sa procédure de saisie, fait nécessairement une élection de domicile au lieu de la saisie. L'étranger qui s'adresse à la justice pour obtenir la mainlevée d'une saisie pratiquée entre ses mains, agissant en qualité de demandeur, doit fournir la *caution judicatum solvi* ; il ne saurait prétendre qu'en cette hypothèse, il joue le rôle de défendeur.

266. L'article 48 réserve à l'industriel intéressé le droit à des dommages-intérêts pour le cas où, soit la saisie, soit la description n'a pas été suivie d'assignation dans la huitaine ; ce n'est là qu'une application particulière d'une théorie du droit commun ; aussi des dommages-intérêts peuvent-ils être mis à la charge du saisissant toutes les fois que, pour un motif quelconque, la saisie ou la description est frappée de nullité et qu'il est possible d'établir la mauvaise foi ou la négligence du saisissant. Mais des dommages-intérêts ne peuvent être prononcés à la charge du breveté que si son adversaire a éprouvé un préjudice ; c'est ce qui existera pour ainsi dire toujours au cas de saisie, mais ce qui peut ne pas être au cas où il a été procédé qu'à une simple description.

SECTION II

De la saisie et de la description en matière de marques de fabrique et de commerce.

267. Les dispositions de la loi de 1857, relatives à la constatation de la contrefaçon des marques de fabrique, (articles 17 et 18) sont, sauf sur quelques points de détail, la reproduction textuelle des articles 47 et 48 de la loi de 1844 sur les brevets d'invention. Elles appellent donc les mêmes observations ; nous nous contenterons pour éviter des redites de faire connaître les points sur lesquels la saisie ou description des marques diffère de la saisie ou description opérée en vertu des articles 47 et 48 de la loi de 1844. Enfin nous étudierons une forme particulière de saisie qui est pratiquée au cas où les marchandises revêtues de marques contrefaites ou de noms usurpés viennent de l'étranger.

268. La loi de 1844 attribue au président du tribunal civil et à lui seul, le droit de rendre l'ordonnance autorisant la saisie ou la description ; la loi de 1857 concède le pouvoir d'autoriser les saisies ou descriptions de marques prétendues contrefaites « au président du tribunal civil ou au juge de paix du canton à défaut de tribunal dans le lieu où se trouvent les produits à décrire ou à saisir. » La compétence du juge de paix étant exceptionnelle, on doit déclarer nulle une ordonnance rendue par un juge de paix qui devrait être exécutée dans une ville qui possède un tribunal de première instance.

Le recours possible au juge de paix a été introduit dans la loi de 1857 pour éviter des retards préjudiciables à la partie lésée ; le siège du tribunal peut être éloigné du lieu du délit, et pendant le temps qu'il faudrait pour s'y rendre et présenter la requête à fin d'ordonnance, la suppression du corps du délit serait aisée à opérer.

Les présidents des tribunaux civils pourront valablement rendre des ordonnances exécutoires en dehors du canton où siège le tribunal ; la compétence des juges de paix n'est pas exclusive de celle de ces magistrats. Car, le recours au juge de paix n'a été institué que par exception, et dans l'intérêt exclusif du propriétaire de la marque ; il ne se peut pas qu'une disposition légale se retourne contre celui-même à qui on a voulu venir en aide.

Puis, s'il y a divers contrefacteurs dans plusieurs cantons du même arrondissement, le propriétaire de la marque ne sera pas obligé d'aller de canton en canton demander aux divers juges de paix une série d'ordonnances, il sollicitera du président du tribunal civil une seule et même ordonnance permettant de saisir chez tous les contrefacteurs.

269. Les ordonnances rendues par les juges de paix sont susceptibles d'être attaquées par la voie du référé, et, par application d'une théorie du droit commun, l'affaire doit être portée devant le président du tribunal civil. Car, ce que nous avons dit, en matière de brevets d'invention, des recours possibles contre l'ordonnance du président s'applique à l'ordonnance du juge de paix, qui n'est ici que le délégué, le remplaçant du président. Lorsque le juge de paix a rendu son ordonnance, son pouvoir est épuisé ; la partie saisie ne peut venir lui demander soit la rétractation, soit la modification de la mesure qu'il a ordonnée ; mais, comme en tout autre matière, elle peut aller en référé. Ce recours est forcément admissible, sinon, selon que l'ordonnance émanerait du président ou du juge de paix, il existerait ou n'existerait pas pour le saisi, des moyens de recours contre une mesure qui porte une grave atteinte à ses droits.

270. L'industriel ou le commerçant qui demande l'autorisation de saisir ou de décrire une marque prétendue contrefaite doit produire, à peine de nullité, l'acte de dépôt de sa marque.

En matière de brevets, nous avons soutenu que c'est au magistrat qui rend l'ordonnance à décider s'il est nécessaire de décrire ou de saisir et, en cas de saisie, à en mesurer l'étendue; il faut adopter ici la même solution, qui se trouve confirmée par les paroles du rapporteur de la commission du Corps législatif : « La loi réglemente le droit de saisie, en donnant au magistrat le pouvoir d'en modérer la rigueur et d'exiger des garanties pour exercer les poursuites vexatoires. »

271. A la différence de ce qui se passe au cas de saisie faite en vertu de la loi de 1844, le président ou le juge de paix a, dans tous les cas, le pouvoir d'apprécier la nécessité du cautionnement; il en est ainsi, même si le requérant est étranger.

272. Comme en matière de brevets d'invention, les procès-verbaux de description ou de saisie de marques prétendues contrefaites, ne peuvent servir de preuve que si, dans un certain délai, ils sont suivis d'une assignation, soit devant un tribunal civil, soit devant un tribunal correctionnel. Mais on avait reconnu que le délai de huitaine, prescrit par la loi de 1844, était trop court; la loi de 1857 a augmenté ce délai dans une certaine limite.

On doit lancer l'assignation dans la quinzaine de la saisie; celle-ci est augmentée, à raison des distances, d'un jour par cinq myriamètres (article 18).

273. L'article 19 de la loi de 1857, qui prévoit l'introduction en France de produits étrangers portant, soit la marque, soit le nom d'un fabricant résidant en France, soit l'indication du nom ou du lieu d'une fabrication française, dispose que ces produits « peuvent être saisis en quelque lieu que ce soit, soit à la diligence de l'administration des douanes, soit à la requête du ministère public ou de la partie lésée. Dans le cas où la saisie est faite à la diligence de l'administration des douanes, le procès-verbal de saisie est immédiatement adressé au ministère public. Le délai dans lequel l'action prévue par l'article 18 devra être intentée, sous peine de nullité de la saisie, soit par la partie lésée, soit par le ministère public, est porté à deux mois ».

Dans ce cas, les agents des douanes ne sont que les instruments du parquet; par suite, le procès-verbal doit être libellé à la requête du ministère public auquel il doit être immédiatement envoyé. Il ne fait foi que jusqu'à preuve contraire.

Il suffit que l'action soit intentée dans les deux mois pour que le procès-verbal conserve sa valeur; le délai a été prolongé dans l'hypothèse de l'article 19 parce que la partie lésée peut avoir un domicile éloigné, et même ignorer la saisie, si ce n'est pas elle qui l'a fait pratiquer.

274. L'article 15 de la loi des douanes du 11 janvier 1892 prohibe à l'entrée tous produits étrangers portant, soit sur eux-mêmes, soit sur des emballages..... une marque de fabrique ou de commerce, un nom, un signe ou une indication quelconque de nature à faire croire qu'ils ont été fabriqués en France ou qu'ils sont d'origine française; l'article 17 de cette même loi déclare abrogées toutes les lois antérieures dans leurs dispositions contraires. S'appuyant sur ces textes, l'administration des douanes a émis la prétention qu'elle avait désormais, dans les cas visés par la loi de 1892, le droit de saisir et de procéder en vertu de la loi du 28 avril 1816 concernant les marchandises prohibées, et que par conséquent, à son égard, la 'oi du 23 juin 1857 était abrog'e, en ce sens notamment : 1º qu'elle n'était plus tenue d'envoyer le procès-verbal de saisie au ministère public et de laisser la poursuite de l'action à ce dernier; 2º que la saisie ne serait pas nulle si l'action n'était pas formée dans les deux mois. Cette opinion a été condamnée par un jugement du tribunal correctionnel de Bayonne du 27 novembre 1893. (*Ann. propr. ind.*, 94. 313). Dans ce cas, les agents des douanes avaient saisi en vertu des pouvoirs spéciaux que leur confère l'article 19 de la loi de 1857 ; il fallait donc appliquer pour le tout les dispositions de cet article.

Section III

De la saisie et de la description en matière de nom commercial.

275. La loi du 28 juillet 1824 ne prévoit aucun mode de constatation judiciaire du délit d'usurpation de noms commerciaux. Aussi on admet généralement, à raison du caractère exceptionnel de la saisie, que les autorités judiciaires n'ont pas compétence pour permettre une mesure si grave; mais le président du tribunal civil peut autoriser l'intéressé à faire procéder à une description par un huissier.

En pratique l'industriel, dont le nom est usurpé, pourra recourir aux dispositions de la loi de 1857, parce que le plus souvent le nom fait partie d'une marque qu'il sera utile de déposer.

Section IV

De la saisie et de la description en matière de propriété littéraire et artistique.

276. En cette matière, la saisie n'est soumise à aucune restriction, et elle n'est pas entourée de formalités protectrices. Le magistrat chargé de saisir, n'a pas besoin pour agir d'une ordonnance du président du tribunal civil ; sur la seule réquisition de l'auteur, il doit opérer la saisie des objets prétendus contrefaits, mais aux risques et périls du requérant. C'est ce qui résulte de l'article 3 de la loi du 19 juillet 1793 : « Les officiers de paix seront tenus de faire confisquer (lisez faire saisir), à la réquisition et au profit des auteurs, compositeurs, peintres ou dessinateurs et autres, leurs héritiers ou cessionnaires, tous les exemplaires des éditions imprimées ou gravées, sans la permission formelle et par écrit des auteurs. » L'article 1ᵉʳ de la loi du 25 prairial an III a chargé les commissaires de police, et à leur défaut les juges de paix des fonctions attribuées aux officiers de paix par l'article 3 de la loi de 1793. En vertu de l'article 45 du décret du 5 février 1810, portant règlement sur l'imprimerie et la librairie, le délit d'introduction en France d'ouvrages contrefaits peut être constaté, et la saisie pratiquée par les agents des douanes. Les procès-verbaux dressés par ces agents servent de fondement légal à une poursuite en contrefaçon.

277. Le magistrat requis de saisir des ouvrages prétendus contrefaits doit s'assurer de l'identité et de la qualité de celui qui requiert son assistance : s'il est l'auteur lésé ou son cessionnaire. Mais le commissaire ne peut se rendre juge des questions que la poursuite peut soulever ; il n'a pas à rechercher si l'acte de cession n'est pas entaché de quelque nullité, il doit se contenter de l'apparence. M. Pouillet (*Propr. litt.*, nᵒˢ 648 et s.) pense même qu'il ne

peut demander qu'on lui présente les certificats de dépôt ;
car, dit-il, les sculpteurs qui sont dispensés du dépôt ne
pourraient jamais requérir une saisie. Nous croyons avec
M. Pataille (*Ann. prop. ind.*, 1877, p. 164.) que le commissaire de police peut s'assurer si le dépôt a été effectué
dans les cas prévus par la loi, parce que la loi refuse toute
action à ceux qui ne l'ont pas fait. Mais ce magistrat ne
doit pas se faire juge de la contrefaçon, et se refuser à
saisir sous prétexte de dissemblances entre les deux œuvres ; il ne doit pas oublier qu'il opère la saisie aux
risques et périls du requérant, qui demeure responsable
du préjudice causé par cette mesure, s'il est ultérieurement jugé qu'elle n'est pas justifiée. Nous croyons même
que le commissaire de police ne devrait pas s'arrêter au
cas où le saisi représenterait une permission de l'auteur ;
dans ce cas, la loi de 1793 n'empêche pas la saisie, mais
elle sera nulle et obligera le saisissant à réparer le tort
qu'il aura causé ; sinon ce serait constituer le commissaire,
juge de la validité de cette autorisation. M. Gastambide
(p. 180) pense que le commissaire peut s'arrêter devant
la représentation par le saisi d'un titre écrit, sans que la
loi le lui impose.

278. D'après le texte de l'article 3 de la loi de 1793, le
fonctionnaire qui procède à la saisie serait tenu de saisir
tous les exemplaires ou objets argués de contrefaçon ; en
pratique, cette disposition rigoureuse n'est pas exécutée,
on ne saisit que quelques exemplaires, sauf à énumérer le

surplus. L'objet ou les livres saisis doivent être mis sous scellés pour éviter toute contestation sur leur identité.

La saisie peut porter sur tous les objets qui, aux termes de l'article 429 du Code pénal, sont sujets à confiscation, c'est à-dire d'abord sur les exemplaires contrefaits, puis sur les instruments de la contrefaçon, tels que clichés, planches, matrices ou moules; mais c'est aller trop loin que de dire avec M. Renouard (1) que le commissaire de police pourra étendre la saisie aux divers objets qu'il jugera utiles à la manifestation de la vérité, tels que papiers, registrés. correspondances. Nous ne l'avons même pas admis sous l'empire de la loi de 1844, qui ne permet la saisie qu'autorisée par le président du tribunal civil.

279. En cas de refus du commissaire de police d'opérer la saisie, l'auteur doit en référer au procureur de la République qui lui donnera l'ordre d'agir. M. Gastambide (p. 132) pense que si le commissaire, vu les circonstances, juge à propos de ne pas opérer la saisie, il devra mettre sa responsabilité à couvert, en demandant soit une autorisation du président, soit une commission rogatoire du juge d'instruction. En cas d'empêchement du commissaire, on peut s'adresser au juge de paix pour faire pratiquer la saisie; l'empêchement équivaut au défaut.

280. En matière de brevets d'invention ou de marques de fabrique, nous savons que le président du tribunal civil a le pouvoir d'autoriser le propriétaire du brevet ou

____

(1) Renouard, *Droits d'auteur*, t. II, p. 396.

de la marque à procéder à la description avec ou sans saisie des objets argués de contrefaçon. Nous verrons que la jurisprudence a déclaré cette manière de procéder régulière et légale, en matière de dessins de fabrique; or c'est une matière qui se rattache étroitement à la nôtre et qui, dans le principe, était exclusivement régie par la loi de 1793; aussi cette méthode est ici fréquemment employée. D'ailleurs, l'article 54 du décret du 30 mars 1808 donne au président le pouvoir d'autoriser la saisie ou la description détaillée par procès-verbal d'huissier de l'objet argué de contrefaçon; c'est une méthode très utile qui évite la saisie et fixe l'identité de l'objet incriminé.

La partie qui se prétend lésée a toujours le droit de faire dresser par huissier un procès-verbal de constat des faits dont elle a à se plaindre; mais il faut qu'ils soient assez apparents pour que l'huissier puisse les constater lui-même *de visu*. Ce procès-verbal de constat ne présente pas les mêmes garanties que la saisie ou la description autorisée par ordonnance; grâce à elle, on peut atteindre la contrefaçon où elle se cache; car, sans permission de justice, l'auteur ne pourrait pénétrer dans l'intérieur d'une habitation. Les procès-verbaux de constat constituent, sans avoir toute la portée d'un témoignage, des renseignements qui empruntent une certaine autorité morale à la personne des officiers ministériels dont ils émanent; le juge à qui on produit ces procès-verbaux a toute latitude pour en apprécier la sincérité; il peut en tenir compte et même les comprendre dans les dépens mis à la charge de la partie condamnée ; mais la déclaration de l'huissier ne constitue pas une preuve par elle-même.

Nous savons que si le procès-verbal est obscur ou incomplet, ce sera au détriment de l'auteur, il ne fait preuve que de ce qu'il contient ; mais le tribunal peut légalement fonder une condamnation sur la déposition du commissaire de police appelé en témoignage.

281. L'auteur pourrait requérir la saisie des exemplaires contrefaits se trouvant entre les mains d'un détenteur de bonne foi ; le fait que la preuve de sa bonne foi rende impossible, à son égard, l'application de la loi pénale, n'empêche pas que la possession, même de bonne foi, d'un exemplaire contrefait porte atteinte à ce droit privatif, exclusif, qui constitue le droit de propriété littéraire ou artistique ; par cette saisie on ne veut pas poursuivre le détenteur de bonne foi d'un ouvrage contrefait, mais constater chez lui la preuve du délit commis par un autre.

Il semble que la saisie d'un ouvrage contrefait pourrait être pratiquée à la Bibliothèque nationale ; en effet, si cette mesure avait eu lieu avant la publication de l'ouvrage contrefait, et par conséquent avant le dépôt, l'auteur lésé avait le droit de saisir tous les exemplaires contrefaits, et après avoir fait reconnaître son droit par la justice, les détruire ; on ne voit pas pourquoi son droit serait diminué par le dépôt.

282. La saisie, autorisée par la loi de 1793, ne peut être employée que comme mode de preuve du délit de contrefaçon ; un auteur ne pourrait y faire procéder pour faire valoir un droit de propriété à l'égard d'un coauteur ou d'un cessionnaire, alors qu'il ne reprocherait à ces personnes aucun acte de contrefaçon. Cette saisie serait nulle et illégale, et pourrait justifier l'allocation de dommages-intérêts à la partie lésée.

D'ailleurs, lorsque la saisie opérée par le plaignant en contrefaçon excède les limites de la légitime protection due à ses intérêts, des dommages-intérêts peuvent être alloués au prévenu à raison du préjudice que lui a causé cette saisie, quand même il ne serait relaxé de la poursuite en contrefaçon qu'à raison des circonstances particulières de l'espèce.

283. A la différence de ce qui existe en matière de brevets d'invention et de marques de fabrique, la loi de 1793 ne fixe aucun délai de rigueur dans lequel l'action en contrefaçon doive être introduite, à peine de nullité de la saisie. Tant que le délit n'est pas prescrit, la saisie peut servir de base à l'action en contrefaçon ; mais le saisi peut prendre les devants et demander aux tribunaux civils la mainlevée de la mesure qui pèse sur lui, sans préjudice des dommages-intérêts qui peuvent lui être alloués à raison du dommage causé par cet acte vexatoire.

Section V

De la saisie et de la description en matière de dessins et de modèles de fabrique.

284. La loi du 18 mars 1806 n'a établi aucun mode spécial de preuve de la contrefaçon des dessins de fabrique. On admet que le propriétaire du dessin ou du modèle de fabrique peut faire procéder à la description ou à la saisie des objets argués de contrefaçon Mais comment se fera cette saisie? C'est une question vivement controversée.

Un premier système se fonde sur la loi de 1806 pour faire pratiquer la saisie par le conseil des prud'hommes. L'article 10 de cette loi charge les prud'hommes de constater les contraventions aux lois et règlements nouveaux ou remis en vigueur par cette même loi. Les prud'hommes sur la réquisition des parties y procèdent, au nombre de deux, assistés d'un officier public, et ils renvoient aux tribunaux compétents, dit l'article 11, les procès-verbaux qu'ils ont dressés. Pendant longtemps à Lyon et à Saint-Etienne, le propriétaire du dessin adressait une requête au président du conseil des prud'hommes, qui rendait un ordonnance et commettait deux membres du Conseil pour pratiquer la saisie. (Lyon 25 mars 1863, *Ann.* 1863, p. 245).

285. Un autre système veut que l'ordonnance autorisant la saisie soit rendue par le président du tribunal qui agira pour les litiges qui sont de la compétence de son tribunal. Si le procès est porté devant le tribunal de commerce, c'est le président de ce tribunal qui doit autoriser la saisie; vu la gravité de cette mesure, dit-on, il faut que le magistrat qui l'ordonne puisse la lever ou exiger la garantie du cautionnement. La compétence des prud'hommes est spéciale et exceptionnelle; elle cesse, quand il ne s'agit plus d'un litige entre patrons et ouvriers, quand il y a débat entre négociants ou fabricants. Le président du tribunal puise ses pouvoirs dans l'article 417 du Code de procédure civile, qui complète en cette matière l'article 16 de la loi de 1806. Ordonner une saisie, c'est faire un acte de juridiction que la loi ne permet pas aux prud'hommes c'est prescrire une instruction sur un procès dont ils ne connaîtront pas. Le président du tribunal de commerce sera désarmé si le procès doit être soumis au tribunal correctionnel; dans ce dernier cas, la saisie autorisée par le président du tribunal civil sera pratiquée par l'huissier commis dans l'ordonnance.

286. D'autres veulent qu'on suive les règles prescrites par les lois de 1844 et de 1857; dans toutes les hypothèses, le président du tribunal civil sera seul compétent pour autoriser la saisie. Pour eux, son droit résulte de l'article 54 du décret de 1808 aux termes duquel « toutes requêtes à fin d'arrêt ou de revendication de meubles ou de marchandises ou autres mesures d'urgence seront présentées au président du tribunal (civil) qui les répondra sur ordonnance »; or, dit-on, la contrefaçon est à la propriété intellectuelle, ce que la soustraction ou la détention indue est à la propriété ordinaire; dans les deux cas, le propriétaire exerce une revendication; au surplus, le texte donne pouvoir au président d'autoriser les mesures urgentes, et la saisie présente toujours un caractère d'urgence. C'est cette solution qui, depuis 1870, a prévalu définitivement en jurisprudence, mais elle est tout à fait étrangère au système de la loi de 1806.

287. Nous croyons que la saisie des dessins contrefaits peut être pratiquée sans autorisation préalable par les commissaires de police sur la réquisition des propriétaires, conformément aux articles 3 du décret du 19 juillet 1793 et 1er du décret du 25 prairial an III. La loi de 1806 a eu pour objet de compléter la loi de 1793; il est donc assez rationnel d'étendre à la saisie des dessins de fabrique les règles applicables aux œuvres d'art. En tout cas, les procès-verbaux de saisie dressés en vertu d'une ordonnance du président civil, ne sont pas nuls; car ces procès-verbaux ont été accompagnés de garanties spéciales édictées par la loi dans les cas analogues des brevets d'invention et des marques de fabrique. Le contrefacteur ne peut se plaindre des formalités protectrices que le saisissant a cru devoir prendre. Un jugement du tribunal de la Seine a décidé que rien ne s'oppose à ce que la saisie soit autorisée par le président du tribunal civil;

que la loi de 1793 ne s'applique pas aux dessins de fabrique, on doit considérer comme nulle la saisie faite en cette matière conformément aux dispositions de cette loi, c'est-à-dire par le commissaire de police. Trib. corr. Seine, 3 décembre 1891. (*Ann. propr. ind.*, 92. 223). Trib. Lille, 26 août 1884. (*Ann. propr. ind.*, 88. 221).

Quoi qu'il en soit de ces divergences, quant à la forme de la saisie et de la description, on doit toujours admettre qu'aucun délai n'est imparti au propriétaire d'un dessin de fabrique qui a fait procéder à une saisie pour intenter l'action en contrefaçon.

CHAPITRE II

DES TRIBUNAUX COMPÉTENTS EN MATIÈRE DE CONTREFAÇON

SECTION I

Règles communes à toutes les actions en contrefaçon.

288. Quelle que soit la nature de l'objet contrefait, que celui-ci constitue une invention brevetée, une marque de fabrique, une œuvre littéraire ou artistique, etc., celui qui se plaint d'une contrefaçon peut prendre à son gré la voie correctionnelle où la voie civile, pour arriver à la réparation du préjudice qui lui est causé. Nous verrons d'ailleurs que la juridiction à saisir par la voie civile varie suivant la nature du droit. Si l'action est engagée par le ministère public, la seule juridiction compétente est celle des tribunaux correctionnels ; car le ministère public, n'agissant pour la répression du délit, ne peut s'adresser qu'aux juges compétents pour appliquer la peine au délinquant.

289. Dans le cas où la poursuite a été précédée d'une saisie, le prétendu contrefacteur ne peut pas porter atteinte au droit de l'intéressé de recourir à la juridiction correctionnelle, en portant devant le tribunal civil une demande en mainlevée de la saisie ; même en ce cas, le titulaire du droit privatif peut encore, à son gré, agir devant les tribunaux correctionnels.

290. Bien qu'en principe l'intéressé puisse prendre à son gré la voie répressive ou la voie civile, il peut se faire qu'il soit obligé de recourir à la voie civile. Ainsi, on ne peut poursuivre devant les tribunaux de répression que des êtres réels sur lesquels peut porter une peine ; il n'est donc pas possible de poursuivre pour contrefaçon devant la juridiction correctionnelle une société commerciale qui est un être moral. Cass., 10 mars 1877 (S., 77. **1**. 336.) La nullité de cette procédure disparaît quand les membres de cette société sont réassignés individuellement comme auteurs directs de la contrefaçon. D'ailleurs les tribunaux correctionnels peuvent, en condamnant comme contrefacteurs certains membres ou les directeurs d'une société commerciale qui ont agi en cette qualité, déclarer la société elle-même civilement responsable pour le montant des dommages-intérêts, mais non pour le montant des amendes. Paris, 9 mai 1883. (*Ann. propr. ind.*, 83. 334.) Si le tribunal correctionnel peut statuer sur les réparations civiles réclamées par la partie plaignante lorsque le prévenu est condamné, il ne le peut plus quand il a renvoyé le défendeur des fins de la plainte. En effet, le tribunal correctionnel n'est compétent pour connaître de l'action civile qu'accessoirement à l'action publique.

291. C'est la demande qui détermine la compétence ; comme le tribunal saisi ne peut rien accorder au delà de ce qu'elle comporte, il est naturel que la juridiction se fixe d'après cet objet ; le défendeur ne peut arguer de la question de fond pour soutenir que le tribunal, devant lequel il est appelé, n'est pas compétent. Ainsi, une plainte en contrefaçon a été portée devant le tribunal correctionnel ; le prévenu soutient qu'il n'a fabriqué que d'après une convention intervenue entre lui et le titulaire du droit privatif, et qu'il ne peut s'agir que de l'exécution de cette convention ; le défendeur ne peut se fonder sur ce fait pour décliner la compétence du tribunal correctionnel, car la plainte en contrefaçon formulée par la citation est de la compétence de la juridiction correctionnelle. Le tribunal statuera sur ce dont il est saisi, il appréciera l'exception opposée par le prévenu, et suivant qu'il la jugera fondée ou non, il accueillera ou repoussera la demande, mais il ne statuera que dans les limites de sa compétence ; il n'examinera la convention intervenue entre les parties que dans ses rapports avec le fait qui lui est soumis ; le prévenu restera libre de saisir, d'une demande à fin d'exécution de la convention, le tribunal civil qui statuera souverainement.

292. Nous savons que deux juridictions sont compétentes pour connaître des actions en contrefaçon et que le titulaire du droit privatif peut porter son action devant l'une ou devant l'autre ; mais peut-il saisir successivement ces deux juridictions de la même action ? En d'autres termes, un prévenu, renvoyé des fins de la poursuite à raison de ce qu'il n'est pas établi qu'il ait agi de mauvaise foi, peut-il encore à raison du même fait, être actionné devant la juridiction civile ?

Oui, mais à la condition qu'il n'ait pas été porté atteinte aux principes de la chose jugée.

On sait que lorsque une partie a saisi de son procès une juridiction quelle qu'elle soit, elle ne peut en même temps, et à raison des mêmes faits, saisir une autre juridiction ; c'est en ce sens que l'adage « *una via electa non datur recursus ad alteram* » trouve son application. Mais si la partie se désiste de sa première action ou si cette action est déclarée non recevable, comme formée devant un tribunal incompétent, l'adage n'a plus de raison d'être, et la partie recouvrant sa liberté d'action peut porter le même procès devant la juridiction compétente.

Cette maxime ne peut recevoir application que s'il y a identité de cause et d'objet entre les deux actions et identité de parties en cause ; ainsi le breveté qui, après avoir intenté contre un contrefacteur un procès civil terminé par un arrêt d'appel, poursuit devant le tribunal correctionnel la répression de faits de contrefaçon postérieurs à cet arrêt. Bordeaux, 15 novembre 1888. (S. 89. 2. 239.) De même, le breveté lésé par une contrefaçon peut, après avoir formé devant le tribunal civil une demande en dommages-intérêts, actionner le contrefacteur devant la juridiction correctionnelle, à raison d'un fait distinct et nouveau, tel que celui d'une participation à la mise en vente d'objets contrefaits par une autre personne également poursuivie. Cass., 23 mai 1868. (S. 68. 1. 370.)

293. Lorsque l'action en contrefaçon est portée devant la juridiction civile, le tribunal compétent est, dans les termes du droit commun, celui du domicile du défendeur ou, s'il y a plusieurs défendeurs, celui du domicile de l'un d'eux.

294. Au point de vue de l'action correctionnelle, on peut indifféremment porter l'instance soit au lieu du délit, soit au lieu de la résidence du prévenu, soit au lieu où ce prévenu pourra être trouvé (art. 63, C. Ins. Cr.). Lorsqu'il y a plusieurs prévenus ou défendeurs, le demandeur peut les assigner devant le tribunal du domicile de l'un d'eux, à la condition que ces contrefacteurs soient unis par un lien commun (art. 59, C. Pr. C.). Ainsi, s'il y a un fabricant et plusieurs vendeurs, le breveté les assignera tous devant le tribunal du fabricant. Mais il ne pourrait assigner indistinctement tous les vendeurs au domicile de l'un d'eux, s'ils n'ont pas participé au même fait de contrefaçon ; alors chacun d'eux devra être assigné devant le tribunal de son domicile. Le tribunal du lieu où l'objet est saisi n'est compétent que s'il est en même temps le lieu où a été commis l'un des délits prévus et punis par la loi ; c'est le lieu où cet objet a été fabriqué, mis en vente, vendu ou recelé, où il est fait usage de cet objet ; ce peut être encore le lieu où est découvert l'objet argué de contrefaçon, lorsqu'il a été introduit de l'étranger en France. Le tribunal du lieu de la livraison de cet objet n'est pas compétent ; c'est le tribunal du lieu de la vente des objets contrefaits qui est compétent pour connaître des faits reprochés au vendeur; le contrat de vente est parfait dès qu'il y a accord sur la chose et sur le prix, et la livraison n'ajoute rien à la vente (art. 1583, C. Civ.).

SECTION II

Règles spéciales à certaines actions en contrefaçon.

§ 1ᵉʳ. — Action en contrefaçon d'inventions brevetées.

295. Si le breveté recourt à la voie civile, il peut être délicat de déterminer à quel ordre de juridiction doit appartenir le tribunal devant lequel il doit porter sa demande; comme le débat naît le plus souvent entre commerçants, il faudrait décider, en l'absence d'un texte spécial, que l'affaire est de la compétence des tribunaux de commerce.

Mais nos tribunaux ont cru pouvoir écarter la juridiction consulaire, en se basant sur l'article 48 de la loi de 1844; cet article dispose que la saisie est nulle à défaut de s'être pourvue dans la huitaine, soit par la voie *civile*, soit par la voie correctionnelle. Or la voie civile, par opposition à la voie correctionnelle, indique la juridiction des tribunaux civils de première instance; cette solution est indiquée par l'article 34 de la loi de 1844 : « Les actions en nullité et en déchéance, ainsi que toutes contestations relatives à la propriété des brevets, seront portées devant les tribunaux civils de première instance ».

Pourtant MM. Renouard (1), Rendu et Delorme (2) soutiennent que les tribunaux de commerce sont compris sous la dénomination de tribunaux civils, et qu'ils sont compétents pour juger entre commerçants la contrefaçon en matière de brevets d'invention. Ce n'est pas admissible ; la juridiction commerciale est une juridiction exceptionnelle, qui ne peut connaître que des faits qui lui sont déférés expressément par la loi ; en dehors de ses attributions légales, il n'y a plus pour elle qu'incompétence. L'article 631 du Code de commerce trace le cercle de cette juridiction : « Les tribunaux de commerce connaîtront : 1° des contestations relatives aux engagements et transactions entre négociants, marchands et banquiers;... 3° des contestations relatives aux actes de commerce entre toutes personnes. » Même si le délit de contrefaçon a été commis par un négociant qui s'y livrait pour exploiter son commerce, il est impossible de reconnaître dans son fait l'un des caractères de l'article 631 C. Comm.; entre le contrefacteur qui usurpe et le breveté qui souffre de la contrefaçon, il n'y a aucun engagement, aucune transaction, et le délit réside précisément dans cette circonstance que c'est sans l'autorisation du breveté qu'il y a eu emploi du système privilégié. Sans doute, la jurisprudence

(1) Renouard, (*Brév. d'inv.* n° 218 et s.)
(2) Rendu et Delorme *(Traité pratique du dr. indust.* n° 514)

admet que la juridiction commerciale est compétente pour apprécier certaines demandes en dommages-intérêts fondées sur un délit civil ou un quasi-délit, tel que celui qui résulte d'une concurrence déloyale, ou même sur un délit pénal, tel que celui résultant de la contrefaçon des dessins de fabrique. Mais, dans ce dernier cas, il y a une disposition formelle de la loi. Aucune décision judiciaire n'a admis la compétence commerciale en matière de contrefaçon d'inventions brevetées.

L'incompétence des tribunaux de commerce est d'ordre public et peut, dès lors, être soulevée en appel, même d'office; mais si la cause est en état, la Cour peut évoquer et statuer au fond en vertu de l'article 473 C. Proc. Civ. Mais le moyen tiré de ce qu'une action en contrefaçon a été déférée devant la juridiction consulaire ne peut être proposée pour la première fois devant la Cour de cassation, car la Cour d'appel, ayant plénitude de juridiction, n'a pu, en statuant sur le litige, violer aucune loi de compétence.

296. Dernièrement, on a soulevé d'office devant la chambre des requêtes un moyen qui ne tendait à rien moins qu'à enlever aux tribunaux civils la connaissance des procès en contrefaçon, lorsque l'action introduite par le propriétaire du brevet était dirigée contre l'État.

Pour soutenir la thèse de l'incompétence des tribunaux civils, on s'appuyait sur ce que, d'après une jurisprudence constante, la responsabilité qui peut incomber à l'État pour les dommages causés aux particuliers par le fait des personnes qu'il emploie dans les divers services publics n'est pas régie par les principes établis dans les articles 1382 et suiv. C. Civ., pour les rapports de particulier à particulier. Cette responsabilité, qui n'est ni générale ni absolue, a ses règles spéciales qui varient suivant les besoins du service et la nécessité de concilier les droits de l'État avec les droits privés, et, dès lors, c'est à l'autorité administrative qu'il appartient de l'apprécier.

Pour combattre cette opinion, on a fait observer que les décisions invoquées sont toutes intervenues à l'occasion de mort, de blessures, d'accidents causés par le fait d'un agent de l'État et qu'elles ne peuvent servir à établir l'incompétence des tribunaux civils en matière de contrefaçons commises par les agents de l'État. Différentes sont, en effet, les situations, les causes et les conséquences des actions; dans notre espèce, l'État ne joue plus le rôle de puissance publique, mais de personne civile et de propriétaire. Or, a-t-on ajouté, il est de principe que l'autorité judiciaire connaît seule des actions en responsabilité formées contre l'État, considéré, non comme exerçant la puissance publique, mais comme personne civile ou propriétaire dans les termes du droit commun. Cass., 1ᵉʳ février 1892 et la note de Darras. (*Ann. dr. comm.*, 92. 1. 64.)

297. Lorsque le breveté se décide pour la voie répressive, il est bien rare que l'affaire ne doive pas être portée devant les tribunaux correctionnels. Cependant, il faut tenir compte, en ce cas, des règles spéciales de compétence que la qualité des prévenus peut rendre applicables. Si le contrefacteur est justiciable d'une juridiction d'exception, c'est devant elle qu'il devra être poursuivi. Le cas s'est présenté pour un membre de la Cour des Comptes, administrateur d'une Compagnie de Chemins de fer. Amiens, 21 février 1856, (*J. dr. crim.*, 56. 206.)

De même, le délit de contrefaçon commis par un militaire en activité de service, est, comme tout autre délit commis par les militaires, de la compétence des tribunaux militaires. Cass., 9 février 1827. (S. *chr.*)

298. L'étranger qui fabrique les objets argués de contrefaçon en dehors du territoire français ne peut être valablement traduit pour ce fait devant les tribunaux répressifs français. (Article 5 et s. *C. In. Cr.*)

Mais l'étranger devient justiciable de nos tribunaux, si, outre le délit commis par lui hors de France, il participe sciemment à un délit accompli sur le sol français. Si, les faits incriminés se sont passés en France, les tribunaux français soit civils, soit correctionnels sont compétents, bien que le défendeur soit étranger.

D'ailleurs nos tribunaux se reconnaissent compétents pour statuer sur une action en contrefaçon pendante entre étrangers. Il a été jugé, à ce sujet, que le principe que les tribunaux français ne sont pas, en matière personnelle et mobilière, tenus de juger les contestations entre étrangers ne s'applique pas lorsque le litige porte sur des intérêts de droit public et sur des actes émanant de l'autorité souveraine. Or, un brevet crée sinon un privilège

du moins un droit privatif, un monopole sur toute
l'étendue du territoire, et restant sans force au delà ; il
est impossible d'admettre que les contestations, auxquelles l'exercice d'une telle prérogative gouvernemen-
tale peut donner naissance, soient renvoyées à l'appréciation d'une juridiction étrangère ; les juges français doivent seuls connaître d'un acte émané de l'autorité française. Trib. Seine, 26 juillet 1879 (S. 80, 2. 218.)

§ 2. — Action en contrefaçon de marques de fabrique ou de commerce.

299. Avant la loi du 23 juin 1857, au cas de poursuite
en contrefaçon, la ressemblance de la marque revendi-
quée avec la marque arguée de contrefaçon était préalablement appréciée par le conseil des prud'hommes, dont
les tribunaux étaient tenus, aux termes du décret du
11 juin 1809, de prendre d'abord l'avis. Un décret du
5 septembre 1810, spécial aux marques de coutellerie et
de quincaillerie, avait investi les conseils de prud'hommes,
et à leur défaut, les juges de paix d'une juridiction réelle
avec ou sans appel, selon l'importance de la cause ; mais
les prud'hommes et les juges de paix n'avaient l'autorité d'une juridiction en cette matière que s'ils sta-
tuaient civilement sur une marque de coutellerie ou de
quincaillerie, arguée de contrefaçon ; il résultait de la
combinaison des décrets du 20 février et 5 septembre 1840

que si l'action civile était de la compétence des prud'hommes et des tribunaux de commerce en appel, l'action correctionnelle était du ressort des tribunaux correctionnels.

Aujourd'hui les prud'hommes n'ont plus de consultations ni de jugements à fournir ou à rendre en matière de contrefaçons de marque. C'est aux tribunaux civils ou correctionnels à se prononcer sur la ressemblance ou la dissemblance des marques ; évidemment ils pourront demander l'avis des prud'hommes, comme de tous les autres experts, mais cet avis officieux ne préjugera pas leur jugement.

300. La loi laisse aux parties le choix entre la voie civile et la voie correctionnelle ; mais il est dangereux, dans une matière où la question d'intention frauduleuse se pose souvent aux magistrats, de saisir la juridiction répressive, puisque le seul doute sur l'existence de cette intention doit tourner au profit du prévenu. Si le propriétaire de la marque prend la voie civile, les tribunaux compétents sont les tribunaux civils de première instance ; l'article 16 de la loi de 1857, attribue expressément aux tribunaux civils la connaissance des actions en contrefaçon des marques de fabrique ou de commerce. C'est à la suite d'un débat entre le Conseil d'État qui voulait déférer aux tribunaux consulaires les difficultés relatives aux marques, et la commission du Corps législatif qui en demandait l'attribution aux tribunaux civils, que la compétence de ces derniers a été reconnue par la loi.

Toutefois, le compétence exclusive des tribunaux civils, telle qu'elle résulte de l'article 16 de la loi de 1857, ne s'applique que si la contrefaçon a porté sur des marques garanties par cette loi de 1857, c'est-à-dire sur des marques qui ont fait l'objet d'un dépôt ; la loi de 1857 ne s'occupe que de celles-là.

La marque, lorsqu'elle n'est pas déposée, n'en constitue pas moins une propriété que chacun doit respecter ; mais l'usurpation n'est plus qu'un simple fait de concurrence et les règles ordinaires de compétence reprennent tout leur empire, c'est dire que l'action devra être portée devant les tribunaux de commerce. Trib. com., Seine, 8 juin 1886. (*Ann. prop. ind.*, 94. 349.)

§ 3. — Action en contrefaçon de noms commerciaux.

301. La loi de 1824 ne contient aucune disposition relative à la compétence ; il y a donc lieu de recourir aux principes généraux pour déterminer quels tribunaux sont compétents pour connaître des infractions commises en pareille matière. On n'a jamais contesté que c'était le tribunal correctionnel qui était compétent, lorsque l'intéressé agissait par la voie répressive. Mais lorsque l'instance est purement civile, faut-il admettre la compétence des tribunaux civils ou celle des tribunaux de commerce ?

C'est pour la compétence de ces derniers tribunaux

qu'il faut se prononcer. En effet, les tribunaux de commerce sont compétents pour juger toutes obligations entre négociants (article 632 C. Comm., avant-dernier alinéa); ces expressions sont assez larges pour comprendre les engagements même non contractuels, pourvu qu'ils se rattachent au commerce.

Les tribunaux de commerce sont donc compétents pour connaître de toutes les actions en réparation de préjudice dirigées par un commerçant ou un non commerçant, lorsque le fait dommageable est commercial et résulte d'une faute commise par la partie actionnée dans l'exercice ou à l'occasion de l'exercice de son commerce; peu importe que le fait dommageable constitue un délit ou un quasi-délit. C'est par exception que les tribunaux civils connaissent seuls des actions intentées par des particuliers à raison de la contrefaçon des inventions brevetées, de marques de fabrique et de commerce. Il faut donc décider que l'usurpation de nom, ou l'emploi d'une désignation fausse de localité constitue une infraction de la compétence des tribunaux de commerce, lorsqu'elle n'a pas été déférée à la juridiction correctionnelle.

**§ 4. — Action en contrefaçon des œuvres littéraires
et artistiques.**

302. La contrefaçon étant un délit prévu par le Code pénal, il s'ensuit que l'auteur, l'artiste ou leurs ayants cause ont toujours le choix entre l'action correctionnelle et l'action civile. Même si le premier acte de la poursuite a été une saisie opérée par un commissaire de police, et que le procès-verbal ait été adressé au parquet, ces faits ne changent rien au droit de l'auteur qui, au point de vue de la juridiction à choisir, garde son entière liberté d'action.

Les lois spéciales relatives à la propriété littéraire et artistique étant muettes sur la question de compétence, le même conflit a surgi entre la juridiction civile et la juridiction consulaire que celui que nous venons de signaler en matière de contrefaçon de noms commerciaux. En matière de contrefaçon d'inventions brevetées et de marques de fabrique, la loi s'est formellement prononcée contre la compétence de la juridiction commerciale; mais ici, en l'absence des dispositions légales de cette nature, il faut appliquer les principes généraux. Donc les tribunaux de commerce peuvent seuls connaître de l'action en contrefaçon des œuvres littéraires et artistiques, lorsque les deux parties sont des commerçants. Si le défendeur seul est commerçant, la jurisprudence décide qu'il peut être cité soit devant le tribunal civil, soit devant le tribunal commercial. Ainsi il a été jugé que les tribunaux de commerce sont compétents pour déterminer le *quantum* des dommages-intérêts, lorsque le défendeur est commerçant, ce qui est le cas d'un directeur de journal qui se livre à la reproduction non autorisée d'un roman. Trib. comm. Seine, 14 avril 1894 (*Gaz.*

des Trib., 17 mai). *Contra*, Trib. Limoges, 1er mai 1884 (*Ann. propr. ind.*, 86. 138.) Mais si le contrefacteur n'est pas commerçant, il devra être actionné devant le Tribunal civil.

§ 5. — Action en contrefaçon des dessins et modèles de fabrique.

303. La contrefaçon des dessins de fabrique, lorsqu'ils ont été déposés conformément à la loi, étant un délit, peut donner lieu à deux actions, à l'action publique et à une action civile. L'action publique est portée devant les tribunaux correctionnels.

Devant quelle juridiction doit être portée l'action civile exercée séparément? On a autrefois soutenu que toutes les actions relatives soit à la propriété, soit à la contrefaçon des dessins de fabrique, étaient de la compétence des Conseils de prud'hommes ; on soutenait que les décrets de 1809 et de 1810 avaient modifié les règles posées par la loi de 1806, en soumettant au Conseil des prud'hommes toutes les contestations qui naîtraient entre marchands et fabricants. Cette manière de voir, repoussée par la Cour de cassation en 1865 (*Ann. propr. ind.*, 66. 32.), est entièrement abandonnée.

L'article 15 de la loi du 18 mars 1806 attribue expressément compétence aux tribunaux de commerce pour connaître des usurpations de modèle ou de dessins de fabrique. Cette disposition de l'article 15 semble assez générale pour décider que les tribunaux de commerce sont compétents, même si le débat a lieu entre non commerçants. Toutefois, la loi de 1806 n'ayant pas expressément soumis les non commerçants à la juridiction commerciale, un arrêt de la Cour d'Aix a pu décider valablement que, si les demandes relatives aux dessins doivent être portées devant le tribunal de commerce, comme les tribunaux civils peuvent connaître des affaires commerciales en vertu de la plénitude de leur juridiction, l'exception d'incompétence n'est plus recevable si le défendeur a conclu au fond et surtout a formé une demande reconventionnelle. Aix, 23 janvier 1867 (*Ann. propr. ind.*, 68, p. 107).

D'ailleurs, le tribunal de commerce, compétent pour connaître entre négociants d'une action en dommages-intérêts à raison d'une contrefaçon de dessins, cesse d'être compétent, si, outre la réparation du tort par lui éprouvé, le demandeur réclame la saisie et la destruction des objets contrefaits et des planches qui ont servi à leur fabrication. Car, en ce cas, l'action a le caractère d'action publique, et, dès lors, elle est hors de la compétence du tribunal de commerce.

CHAPITRE III

SECTION I

Action du ministère public.

304. La contrefaçon étant un délit, le ministère public a le droit d'en poursuivre la répression d'office.

Cette règle reçoit exception en matière de brevets d'invention ; aux termes de l'article 45 de la loi de 1844, l'action correctionnelle ne peut être exercée par le ministère public que sur la plainte de la partie lésée. Pour justifier cette dérogation, on a fait observer que la contrefaçon, dans cette matière particulière, est un délit en quelque sorte d'ordre privé, dont la répression n'est pas absolument nécessaire pour le maintien de l'ordre public.

305. Une plainte régulière ou une citation devant un tribunal correctionnel peut mettre en mouvement l'action publique. Mais en est-il de même par cela seul que le breveté agit au civil contre les contrefacteurs de son invention ? M. Nouguier (n° 815) répond affirmativement; car, dit-il, le breveté par le seul fait de son action civile a manifesté son intention de ne pas tolérer la contrefaçon. Il nous semble pourtant qu'en ce cas l'action publique ne peut être exercée; l'article 45 de la loi de 1844 parle d'une plainte de la partie lésée; or, un procès civil ne peut pas être considéré comme une plainte au parquet. De plus, les dispositions d'une loi pénale, telle que la nôtre, ne doivent pas être étendues, elles doivent être interprétées *stricto sensu*.

Le cessionnaire, dont le titre est irrégulier, ne peut pas se prétendre partie lésée, il n'est pas propriétaire du brevet d'invention vis-à-vis des tiers et il n'a aucun titre pour agir contre eux; donc la plainte qu'il a déposée ne satisfait pas aux exigences de l'article 45 de la loi de 1844, il ne peut pas conférer au ministère public un droit qu'il n'a pas lui-même.

Sauf cette dérogation, expressément consacrée par la loi de 1844, le ministère public peut agir d'office toutes les fois où il estime qu'il y a contrefaçon, à la condition que les faits répréhensibles se soient passés en France, parce que l'article 5 du C. Instr. Crim. exige la plainte préalable de la partie lésée au cas d'un délit commis à l'étranger.

Le ministère public ne peut donc poursuivre le délit de contrefaçon, en matière de brevets d'invention que sur la plainte de la partie lésée, mais cette plainte une fois portée, et l'action publique mise en mouvement, le désistement du plaignant ne peut l'arrêter. C'est là un principe de rotre droit pénal qui doit être appliqué en matière de brevets; la loi de 1844 ne contient aucune disposition qui permette d'y déroger.

306. Rien ne s'oppose à ce que les propriétaires de marques, d'œuvres littéraires et artistiques, etc., déposent une plainte et que le ministère public ainsi averti, poursuive correctionnellement les contrefacteurs; mais il est bien évident qu'en ce cas, par *a fortiori* de ce qui se passe à l'égard des inventions brevetées, l'intéressé ne peut pas, en retirant sa plainte, arrêter l'action publique. De même, la renonciation à l'action civile, même faite sous forme de transaction, ne peut arrêter ni suspendre l'exercice de l'action publique. Cass., 3 mai 1867 (*Ann. propr. ind.*, 67. 293). Ainsi l'instruction commencée sur la plainte de la partie lésée ne peut être arrêtée par une citation directe donnée ultérieurement par cette partie au prévenu devant le tribunal de police correctionnelle.

SECTION II

Action des particuliers.

307. Le droit d'agir, au civil ou au correctionnel, appartient à toutes personnes qui se trouvent être titulaires de droits intellectuels; au premier rang de celles-ci, il faut comprendre l'auteur de l'invention, de l'œuvre littéraire ou artistique, du dessin de fabrique, etc. Mais, a-t-il encore ce droit s'il a aliéné, au profit d'un tiers, tous les avantages pécuniaires pouvant naître de l'exploitation même de l'œuvre? C'est une question très controversée, tout au moins en ce qui concerne l'auteur d'œuvres littéraires et artistiques.

308. La doctrine admet généralement que le droit d'agir appartient encore à l'auteur ou à l'artiste, même au cas où il a cédé complètement la propriété de son œuvre. A l'appui de cette opinion, on fait observer que les avantages matériels ne sont pas les seuls que procure à un auteur ou à un artiste la mise au jour d'une œuvre intellectuelle; à côté du droit pécuniaire, il existe un droit moral qui, de sa nature, est incessible et que l'intéressé doit avoir la faculté de faire respecter, alors même que le droit pécuniaire ne repose plus sur sa tête; il est encore le créateur de son œuvre, quand il n'en est plus le propriétaire. Le cessionnaire ne peut pas, par des additions ou des changements apportés à l'œuvre qu'il a acquise, porter atteinte à la réputation de l'auteur; or, le but de la contrefaçon est de ravir à l'auteur le mérite de sa composition pour l'attribuer à un autre; la contrefaçon porte donc atteinte à ce droit moral dont l'auteur ne s'est pas dépouillé, il est donc juste qu'il puisse se défendre (Pouillet, *Propr. litt.*, n° 633).

La jurisprudence se prononce en sens contraire; il a été décidé que l'auteur, qui a disposé de la propriété entière de son œuvre, a, par suite de cette aliénation, perdu tous ses droits; qu'en ce cas, la propriété a été transférée au cessionnaire qui, seul, a qualité pour se plaindre des contrefaçons et pour en demander la répression. Paris, 5 avril 1850 (D., 52. 2. 159). Trib. corr. Seine, 5 février 1891 (*Ann. propr. ind.*, 92. 202).

309. La jurisprudence est même allée plus loin ; elle a admis que la cession sans réserves d'une œuvre d'art entraîne en même temps la cession du droit de reproduction, ce qui fait que l'artiste perd le droit de poursuivre ceux qui, par la suite, viennent à reproduire son tableau, sa statue. Trib. Seine, 11 octobre 1893 (*Ann. propr. ind.*, 96. 15). Pour qu'un artiste puisse poursuivre les contrefacteurs de son œuvre, il faut, qu'en vendant sa composition, il se soit réservé le droit de reproduction.

Toutefois, un arrêt de la Cour de cassation a apporté un correctif à cette théorie : le prévenu de contrefaçon, poursuivi par l'artiste qui a vendu son œuvre, ne peut, en l'absence de réclamation de l'acquéreur, se prévaloir du droit de ce dernier comme fin de non-recevoir contre la poursuite ; le silence de l'acquéreur faisant présumer que, tout en s'assurant la propriété de l'œuvre primitive, il a entendu laisser à l'auteur le droit de reproduction. Cass., 12 juin 1868 (S., 68. 1. 372).

310. Il faut aussi admettre que le photographe reste propriétaire du cliché, sauf conventions contraires, et qu'il peut seul poursuivre les contrefacteurs. Trib. Seine, 5 mai 1894 (*Gaz. Pal.*, 94. 2. 123). Car, dans une photographie, il faut distinguer deux choses : l'œuvre artistique. et les traits de la personne représentée. En tant qu'œuvre artistique, susceptible du droit de reproduction, elle appartient au photographe qui a sur elle le droit de l'auteur sur son œuvre. En tant que portrait et comme pouvant servir à la reproduction des traits d'une personne, elle appartient à la personne représentée, qui seule a le droit d'autoriser la reproduction de sa physionomie ; elle peut s'opposer à toutes reproductions, même à celles que l'artiste propriétaire du cliché, ferait sans autorisation ; pour cela il lui suffit d'invoquer le principe général du respect dû à la personnalité humaine. Le photographe se trouve donc détenteur d'une image dont il n'a pas la pleine propriété, dont il n'a pas, en tous cas, la libre reproduction, puisque s'il la reproduisait, il irait à l'encontre des droits de l'individu représenté ; mais réserve faite de ce droit d'interdiction pour le modèle, la propriété artistique reste intacte, et par conséquent l'artiste peut exercer l'action en contrefaçon, qui en est un des attributs, sans avoir à justifier du consentement de la personne représentée.

311. Si, au cas d'atteinte portée à la propriété littéraire et artistique, nous avons reconnu à l'auteur ou à l'artiste le droit d'agir, malgré la cession par lui consentie de tous ses droits, même en dehors de tout intérêt pécuniaire, c'est que nous lui avons reconnu un droit moral pour faire respecter son œuvre afin qu'il ne soit pas porté atteinte à sa réputation ; aussi nous refuserons dans les mêmes circonstances à l'inventeur le droit d'agir. Car dans cette hypothèse la contrefaçon d'une invention brevetée n'engage que les intérêts pécuniaires de l'invention, et il n'y a aucun intérêt moral en cause.

312. La jurisprudence a tenu un plus grand compte du droit moral de l'auteur lorsque, malgré les dispositions de l'article 443. C. Comm., qui enlève au failli le droit d'agir en justice, elle a décidé que la faillite de l'auteur d'une œuvre d'art ne saurait le priver du droit de poursuivre une usurpation qui l'atteint dans son honneur artistique. Paris, 25 janvier 1887 (D., 87. 2. 132). D'ailleurs si le failli entreprend le procès avec de l'argent fourni par ses amis, il serait vraiment inique de permettre au contrefacteur de se prévaloir de l'article 443 C. Comm. Le syndic aura toujours le droit de surveiller le recouvrement des dommages-intérêts qui pourront être alloués au failli. Cela a été jugé en matière de marques de fabrique. Paris, 18 mars 1897 (*Le Droit*, 17 mai).

313. D'ailleurs l'action en contrefaçon est soumise aux principes du droit commun ; ainsi les actions concernant les mineurs, les femmes mariées, les interdits ne peuvent être intentées que dans les conditions où doivent être intentées toutes les autres actions mobilières et personnelles qui appartiennent à ces incapables; c'est-à-dire que ces personnes doivent être assistées de la personne qui les complète et leur donne la capacité juridique pour agir en justice.

314. Pour que l'intéressé ait perdu tout droit à poursuivre la contrefaçon, il faut qu'il y ait eu aliénation totale de ses droits ; mais si l'inventeur, l'auteur n'a consenti qu'à une cession partielle de ses droits, le droit d'agir lui appartient toujours. Ainsi, en matière de marques de fabrique, le négociant qui concède à un tiers le droit de se servir de sa marque à l'exclusion de tous autres et qui s'en réserve l'usage à lui-même conserve le droit de poursuivre personnellement les faits qui pourraient lui être préjudiciables. Trib. Seine, 7 février 1874 (*Ann. propr. ind.*, 76. 321). De même, le breveté qui, ayant cédé son brevet à des tiers, s'est réservé un intérêt de tant pour cent dans les bénéfices nets de l'exploitation de son brevet, peut encore agir en contrefaçon. Paris, 9 février 1865 (*Ann. propr. ind.*, 65. 190).

315. Lorque l'usurpation porte sur nom commercial, le droit d'agir appartient à tous ceux qui se trouvent lésés dans leurs intérêts par un tel usage illicite ; ainsi si l'usurpation est celle d'un nom de localité, il faut reconnaître le droit de saisir la justice à chacun de ceux qui, dans la ville dont le nom a été frauduleusement employé, se livrent au même genre de commerce ou d'industrie que le contrefacteur. Mais le droit de poursuite est individuel, un seul fabricant ne peut agir au nom de tous, au nom de la localité ; tous les fabricants de cette localité peuvent se réunir dans une même poursuite, c'est-à-dire poursuivre ensemble et conjointement les contrefacteurs, mais en réalité il y a autant de poursuites distinctes que de plaignants.

316. Avant de rechercher quelles personnes peuvent

éventuellement exercer l'action en contrefaçon, comme ayants cause des inventeurs, auteurs, artistes etc., il nous faut remarquer que les lois spéciales, dont nous nous occupons, ne protègent pas toujours les étrangers contre les reproductions ou les imitations qu'ils n'ont pas autorisées. Il est vrai qu'au point de vue de la propriété littéraire et artistique, les étrangers sont assimilés aux Français.

Mais les inventeurs, soit étrangers, soit nationaux doivent, sous peine de déchéance, exploiter leur invention en France dans un délai de deux ans à partir de la délivrance du brevet. De même, les marques étrangères, qu'elles appartiennent à des Français ou à des étrangers, ne sont protégées en France que si le pays dans lequel elles sont employées garantit les marques françaises par application du principe de réciprocité soit diplomatique, soit légale. Les noms commerciaux des étrangers, même établis en France, ne sont garantis que si leur pays d'origine use de réciprocité à l'égard des Français.

317. Il est évident que les héritiers des inventeurs, auteurs, artistes, etc., peuvent exercer l'action en contrefaçon tant que durent les droits privatifs qu'ils ont recueillis dans la succession du *de cujus*. La loi de 1866 attribue sur les œuvres littéraires et artistiques du prémourant un droit de jouissance à l'époux survivant. Le conjoint survivant a le droit de poursuivre la contrefaçon, car elle nuit à sa jouissance exclusive. Au cas d'inaction du conjoint survivant, les héritiers proprement dits de l'auteur pourront poursuivre les contrefacteurs ; car, quoique leur droit de jouissance puisse ne jamais s'ouvrir, si la veuve survit pendant cinquante ans à l'auteur ou à l'artiste, ils doivent pouvoir agir parce que la contrefaçon porte atteinte au mérite littéraire et à la réputation de l'auteur.

318. Indépendamment des titulaires primitifs des droits de propriété intellectuelle et de leurs héritiers, le droit d'agir appartient encore aux cessionnaires de ces mêmes droits. La loi de 1844 (article 20) exige certaines formes particulières pour la validité de la cession des brevets d'invention : ce sont la nécessité d'un acte notarié, le payement préalable des annuités à échoir de de la taxe, et enfin l'enregistrement de la cession au secrétariat de la préfecture du département dans lequel l'acte a été passé. Ces formalités ont été exigées dans l'intérêt des tiers, et il faut comprendre sous cette dénomination de tiers les contrefacteurs ; ceux-ci peuvent donc opposer une fin de non-recevoir au cessionnaire qui les poursuit en son nom en vertu d'une cession irrégulière. Car, si la cession du brevet est nulle à l'égard des tiers, la propriété de ce brevet reste sur la tête de l'inventeur, qui seul peut poursuivre la contrefaçon et mettre en mouvement l'action publique. Au contraire, si la cession est régulière, si la poursuite est faite par le cessionnaire seul, les tiers ne peuvent se prévaloir de ce que, dans l'acte de cession, le breveté s'est réservé le droit de poursuite. Il en est ainsi, surtout quand le cédant se joint par une intervention à la poursuite commencée par le cessionnaire. Nancy, 27 janvier 1875 (*Ann. propr. ind.*, 75. 31).

319. Mais c'est seulement en matière de brevets d'invention qu'une cession régulière est obligatoire pour avoir le droit de poursuivre les contrefacteurs ; en toute autre matière, aucune formalité n'est requise pour la validité d'une cession d'un droit intellectuel. Ainsi, en matière de propriété littéraire et artistique, d'après l'article 39 du décret du 3 février 1810. « Les auteurs peuvent céder leur droit à un imprimeur ou libraire ou à toute autre personne qui est alors substituée en leur lieu et place. » La poursuite étant basée sur le droit de propriété, le prévenu de contrefaçon peut nier le droit de propriété du plaignant, et il doit être admis à prouver que le demandeur n'est pas cessionnaire ou que s'il est cessionnaire de l'œuvre, la cession n'est pas valable. Mais cette cession n'a pas besoin d'être constatée par un acte authentique ou par un acte ayant date certaine. Il suffira, pour légitimer la poursuite en contrefaçon que la cession paraisse certaine au tribunal ; la preuve de cette cession doit se faire d'après les règles ordinaires établies pour tous les contrats, et il n'y a pas de raison pour écarter la preuve testimoniale, s'il y a un commencement de preuve par écrit, ou dans les cas prévus par les articles 1347 et 1348 du Code civil, 41, 49 et 109 du Code de commerce. Nous croyons même que le cessionnaire, détenteur du manuscrit de l'auteur, pourrait invoquer la règle « qu'en fait de meubles possession vaut titre ». Le prévenu d'un délit de contrefaçon, poursuivi par le cessionnaire de l'auteur de l'ouvrage, n'a pas qualité pour opposer à ce cessionnaire le défaut de date certaine de son titre, parce que dans l'article 1328, C. Civ., d'où découle pour tous les actes sous seing privé la nécessité d'une date certaine, l'expression tiers ne comprend pas les *penitus extranei*, c'est-à-dire ceux qui, comme les contrefacteurs, n'ont pas traité avec celui duquel émane l'acte sous seing privé. Mais si le prétendu contrefacteur se prévaut lui-même d'une cession consentie à son profit par l'auteur, il pourra se prévaloir de ce que l'acte de cession qu'on lui oppose n'a pas date certaine parce qu'il excipe lui-même d'un droit de propriété sur l'ouvrage. Donc, l'auteur ou le propriétaire apparent du droit privatif ne peut voir, sauf en matière de brevets, son droit contesté par le contrefacteur qu'autant que celui-ci justifie lui-même d'un droit contraire qui lui est propre.

Le contrefacteur ne peut invoquer une cession auquel il est resté étranger; il ne pourrait pas soutenir que le cessionnaire, qui le poursuit, n'a été autorisé à publier cette œuvre que sous certaines conditions qu'il n'a pas remplies, et qu'à défaut de l'accomplissement de ces conditions, il a perdu son droit ou tout au moins l'exercice de son droit. On ne peut refuser le droit de poursuite à une personne qui est légitime propriétaire, tant que le cédant n'a pas fait révoquer la vente pour inexécution des conditions.

320. Au cas de cession partielle, le cessionnaire a le droit de poursuivre les contrefacteurs, car il a acquis, dans les limites de son contrat, la propriété de cette œuvre; et, comme l'inventeur, l'artiste, etc., n'a pas aliéné la complète propriété de son droit, puisqu'il n'en a cédé qu'une partie, il a aussi le droit de poursuivre les contrefacteurs. Ainsi nous accorderons au directeur du journal et à l'auteur de l'article ou de la gravure insérée le droit de poursuivre les reproductions non autorisées qui ont lieu à une époque voisine de celle où l'article a paru.

321. Mais au lieu de consentir une cession de ses droits, le titulaire de droits privatifs peut se borner à autoriser certaines personnes à en user; c'est ce qui constitue en matière de brevets une concession de licence. L'article 47 de la loi de 1844 n'accordant le droit d'agir qu'aux propriétaires du brevet, il faut en conclure que le porteur d'une simple licence n'a pas, comme le cessionnaire de la propriété totale ou partielle d'un brevet, le droit d'exercer les actions en contrefaçon, la licence laissant, à la différence de la cession, subsister sur la tête du breveté la propriété du brevet. Cass., 27 avril 1869 (S., 69. 1. 421). De même, l'article 17 de la loi de 1857, ne consacrant le droit de poursuite qu'au profit du propriétaire, une action en contrefaçon ne peut être intentée par celui à qui a été concédé, pour un certain temps et moyennant une redevance déterminée, le droit de fabriquer et de vendre un produit sous une dénomination déposée à titre de marque de fabrique. Paris, 5 mai 1883 (*Ann. propr. ind.*, 83. 316).

L'éditeur à qui l'auteur a confié le dépôt et la vente de ses ouvrages sans lui accorder aucun droit de propriété, même partielle, ne peut pas poursuivre directement la contrefaçon, car le droit de poursuite est basé sur le droit de propriété. Cet éditeur pourra mettre l'auteur en demeure de faire cesser le trouble dont il souffre, et si celui-ci n'agit pas, demander la résolution de son contrat. On sait que toute personne lésée par un délit a le droit de s'en plaindre et de se porter partie civile dans l'instance (article 63 C. I. Cr.); or, cet éditeur est bien lésé par la contrefaçon, puisqu'elle diminue la vente de l'ouvrage original et restreint ses bénéfices, ne pourrait-il pas dénoncer à la justice ce délit de contrefaçon et obtenir ainsi la réparation du préjudice dont il souffre?

322. Nous avons supposé jusqu'à présent que l'œuvre intellectuelle n'appartient qu'à un seul, mais il se peut que le droit de fabrication ou de reproduction appartienne à plusieurs, soit parce que l'œuvre est due à une collaboration, soit parce qu'elle a été transmise à plusieurs cohéritiers ou coacquéreurs. Si la part de chacun a été nettement déterminée, s'il n'y a pas indivision, il est hors de doute que chacun des cotitulaires d'un droit de propriété intellectuelle peut agir contre les contrefacteurs.

Mais, même au cas d'indivision, chacun des copropriétaires soit d'un brevet, soit d'une marque de fabrique, etc., peut agir pour son propre compte et sans le concours des autres copropriétaires; et le contrefacteur poursuivi ne pourra pas se soustraire à la poursuite sous le prétexte que tous les copropriétaires ne figurent pas dans l'instance. Chacun des copropriétaires agit valablement au regard des tiers, même lorsqu'il agit isolément, mais il doit compte de ses actes aux autres copropriétaires et en demeure responsable vis-à-vis d'eux; ainsi s'il a fait condamner le contrefacteur à des dommages-intérêts, il les doit à la communauté; de même que s'il a compromis imprudemment dans un procès téméraire le sort d'un brevet, il s'expose au juste recours de ses cointéressés.

323. Si un droit privatif, un brevet d'invention, une marque de fabrique, appartient à une société commerciale le droit de poursuite appartient à l'être moral, représenté par son gérant ou son directeur, suivant la forme sous laquelle la société est constituée. Les membres d'une société formée pour l'exploitation d'une invention brevetée, ont qualité pour agir, tant en leur nom personnel qu'au nom de la société, contre les contrefacteurs, lorsqu'ils ont personnellement la propriété de tout ou partie des brevets dont la jouissance leur appartient comme associés. Cass., 29 avril 1868 (S. 68. 1. 288). Mais si la société dans laquelle a été fait l'apport d'un brevet est nulle, c'est l'inventeur, qui est censé ne s'en être jamais dessaisi, qui aura le droit de poursuivre les contrefacteurs.

324. Il existe diverses sociétés pour la protection des

droits d'auteur, ces associations peuvent-elles pour défendre les intérêts généraux de leurs membres ou de toute la corporation, soit intenter directement une action contre un contrefacteur, soit intervenir dans un procès entamé? Cela dépend avant tout et des statuts de la société, et de la nature des faits poursuivis qui peuvent faire grief soit à la société et par suite à tous ses membres, soit à chacun d'eux individuellement.

Si aux termes des statuts, la propriété des œuvres ou, tout au moins le droit de les exploiter (Société des Gens de lettre) a été constituée en apport par les auteurs ou artistes, la société a le droit de poursuivre en son nom tous les faits pouvant porter atteinte à cette propriété; s'il s'agit également de faits qui font grief à la société régulièrement constituée, elle peut naturellement les poursuivre en son nom. Paris, 9 février 1867 (*Ann. dr. ind.*, 67, p. 70).

Mais s'il s'agit de faits qui portent atteinte aux droits des auteurs ou artistes individuellement, et que leurs œuvres n'aient point été constituées en apport dans la société, les auteurs seuls ont qualité pour poursuivre ces faits en leur propre nom. La société ne pourrait se substituer à eux; c'est, en effet, leur consentement qui était nécessaire à la représentation, audition ou reproduction faite en violation de leurs droits; c'est au préjudice des auteurs seuls que le délit a été commis, eux seuls et le ministère public peuvent le poursuivre. Mais il est admis que la poursuite peut être valablement intentée au nom de l'auteur lésé, bien qu'il soit énoncé dans la procédure que c'est l'agent de la société dont il fait partie qui agit.

325. En signalant permi les personnes qui peuvent agir en contrefaçon les inventeurs, les auteurs, les artistes, les titulaires des marques ou des noms commerciaux, etc., et leurs ayants-cause à titre universel et particulier, nous avons indiqué ceux qui, ayant à souffrir le plus directement des contrefaçons, saisiront le plus souvent de leurs réclamations soit les tribunaux civils, soit les tribunaux correctionnels. Mais il existe d'autres personnes aptes à agir en contrefaçon ; on sait que l'action civile en réparation du dommage causé par un délit peut être exercée par tous ceux qui ont souffert du dommage. Pourront donc agir tous ceux qui, trompés par les apparences, se sont rendus acquéreurs de produits, que ceux-ci soient contrefaits ou portent une indication mensongère.

C'est en cas de contrefaçon de marque ou d'usurpation de nom commercial que les acheteurs trompés agiront en contrefaçon ; l'action civile n'appartient pas seulement à l'acheteur qui a été victime de la fraude, mais peut être exercée par toute personne lésée. Cass., 21 janvier 1892 (S., 92. 1. 105).

326. Nous venons d'indiquer les personnes qui peuvent agir en contrefaçon, il nous faut parler maintenant d'une formalité qui, dans la plupart des cas, est nécessaire pour que le titulaire du droit intellectuel puisse poursuivre les contrefacteurs. En d'autres termes, l'action en contrefaçon n'est recevable que si préalablement il a été procédé au *dépôt,* soit d'une description, soit de l'objet même sur lequel porte le droit privatif.

327. Pour le nom commercial, aucun dépôt n'est prescrit; toute personne qui souffre d'une usurpation portant sur un nom commercial peut immédiatement agir en contrefaçon, sans être astreinte à l'observation d'aucune formalité préliminaire. En effet, une personne, même non avertie par un dépôt préalable, ne peut pas, de bonne foi, employer dans son commerce le nom d'un autre commerçant ou fabricant.

328. Certaines œuvres littéraires ou artistiques sont dispensées de la formalité du dépôt préalable, à raison de l'impossibilité ou de la grande difficulté qu'il y aurait de procéder à un tel dépôt. Les auteurs d'ouvrages de sculpture et de peinture ne sont pas soumis, pour s'assurer la propriété exclusive de leurs ouvrages et être investis du droit d'en poursuivre les contrefacteurs, à l'obligation générale d'un dépôt préalable de deux exemplaires de leur œuvre. A ce sujet, la jurisprudence a fait une distinction suivant la nature de l'œuvre de sculpture; les œuvres de sculpture industrielle destinée à l'ornementation de produits fabriqués, ne sont point des œuvres d'art et doivent être considérées comme des modèles de fabrique; il faut en opérer le dépôt préalable prescrit par l'article 15 de la loi du 18 mars 1806 pour s'en assurer la propriété exclusive. Mais ce dépôt peut être valablement effectué sous forme d'esquisse, remplaçant le spécimen de l'œuvre elle-même. En l'absence de dépôt ainsi effectué, le surmoulage de ces modèles ne constitue ni une contrefaçon, ni une concurrence déloyale.

Les œuvres littéraires qui ne sont pas encore imprimées ou qui sont appelées à n'être jamais imprimées, comme les discours, les sermons, les leçons de professeurs, sont dispensées de la formalité du dépôt. De même le dépôt n'est pas exigé des œuvres dramatiques ou musicales, alors même qu'elles ont été représentées, du moment où l'œuvre est restée manuscrite.

329. Dans toutes les autres matières dont nous avons à nous occuper, qu'il s'agisse d'invention, de marques, d'œuvres littéraires et artistiques, sauf les exceptions citées plus haut, ou de dessins de fabrique, le dépôt est nécessaire, tout au moins pour que l'action en contrefaçon puisse être engagée devant les tribunaux correctionnels ; l'action peut, au contraire, être parfois portée devant les tribunaux civils, bien que les formalités prescrites par les lois spéciales n'aient pas été observées.

Les motifs, qui ont amené le législateur à exiger l'obligation du dépôt, ne sont pas toujours les mêmes pour chaque droit privatif, aussi les conséquences résultant du défaut de dépôt varient suivant que l'inobservation des formalités prescrites a eu lieu à l'égard d'une invention, d'une marque, etc.

330. Dans notre législation, les brevets d'invention ne sont pas autre chose que des certificats de dépôt; en effet, le brevet est l'arrêté par laquel le ministre constate qu'à un jour donné on a prétendu être inventeur, qu'à ce titre on a demandé un brevet pour une invention qu'on a décrite, et que les formalités prescrites par la loi ont été remplies. D'après ce système, cette formalité du dépôt a été édictée dans l'intérêt des tiers pour déterminer par avance la paternité des inventions et les limites respectives de chacune d'elles. L'inventeur qui n'a pas sollicité la délivrance d'un brevet ne peut pas agir en contrefaçon, et si plus tard, il remplit les formalités prescrites par la loi de 1844, il lui est interdit de poursuivre les faits antérieurs de contrefaçon.

Il y a lieu d'assimiler au défaut de dépôt la nullité ou la résolution des effets du dépôt ; ainsi, si un brevet d'invention est frappé de déchéance, le breveté doit être déclaré mal fondé dans son action en contrefaçon.

331. Le dépôt des marques est la constatation officielle de la prise de possession ; il ne crée pas le droit de propriété, il le révèle ; il a pour objet de mettre les tiers en garde contre une usurpation involontaire. Il importe que ces tiers soient avertis ; car ce dépôt a surtout pour effet d'attacher à la marque une garantie spéciale, qu'elle n'aurait pas sans cela, la garantie des peines correctionnelles qui frappent le contrefacteur. La marque non déposée constitue bien une propriété au profit du négociant qui l'a adoptée, mais pour la faire respecter, il ne peut faire appel qu'à la loi civile, il n'a qu'une action en dommages-intérêts pour concurrence déloyale, fondée sur l'article 1382. C. Civ. Si donc le dépôt d'une marque de commerce n'est pas nécessaire pour acquérir et même conserver la propriété de cette marque, il est néanmoins indispensable pour invoquer le bénéfice de la loi de 1857, des garanties spéciales qu'elle institue et des actions qu'elle organise.

Bien que le dépôt d'une marque n'en attribue pas la propriété au déposant, et soit simplement déclaratif de cette propriété, le fabricant ne peut pas se plaindre au correctionnel de la contrefaçon de sa marque si la contrefaçon est antérieure au dépôt de la marque au greffe du tribunal de commerce. Mais le retard apporté à l'observation des prescriptions légales ne peut pas être en lui-même, comme en matière de brevet d'invention, préjudiciable aux intérêts à venir du négociant, qui, dans son industrie, emploie ce signe distinctif, sans l'avoir préalablement déposé. Le dépôt n'a d'effet que pour quinze ans, et le défaut de renouvellement équivaut à l'absence de dépôt; mais si ce propriétaire de marque a réparé son oubli, il pourra agir devant les tribunaux correctionnels en vue de poursuivre la répression des faits de contrefaçon postérieurs au dépôt. Trib. corr. Seine, 6 juin 1894 (*Rev. prat. de dr. ind.*, 94. 321).

332. La loi de 1793 a obligé tous les auteurs d'ouvrages de littérature et d'art à déposer deux exemplaires de leurs ouvrages à la Bibliothèque nationale; la loi du 29 juillet 1881 a de nouveau réglementé ce dépôt qui est actuellement de deux exemplaires pour les ouvrages imprimés, et de trois exemplaires pour les estampes et la musique. Pour les œuvres de littérature et d'art, leur dépôt est « tout à la fois une mesure de police et un impôt établi dans l'intérêt des lettres ». (Renouard, *Traité des droits d'auteur*, t. II, p. 372). A titre de sanction pénale, le législateur en fait une condition nécessaire pour agir en justice ; car, aux termes de l'article 6 de la loi de 1793, le dépôt est exigé aussi bien pour introduire l'action civile que pour intenter l'action correctionnelle en contrefaçon. Mais le défaut de dépôt n'a pas pour effet d'entraîner pour l'auteur la déchéance de son droit de propriété ; l'exercice en est simplement et momentanément suspendu.

M. Gastambide (p. 151) soutenait que l'auteur qui ne fait pas de dépôt est présumé faire l'abandon volontaire de son droit de propriété au profit du domaine public. Cette opinion n'est pas fondée en présence de l'article 6 de la loi de 1793 et de l'article 4 du décret du 28 mars 1852 ; car ces textes supposent que le droit de l'auteur ou de l'artiste préexiste au dépôt qui ne crée pas le droit, mais a uniquement pour effet de rendre recevable l'action en contrefaçon. Donc, pour que l'auteur d'un ouvrage ait le droit de poursuivre en contrefaçon ceux qui ont reproduit son ouvrage, il n'est pas nécessaire que le dépôt ait été fait avant cette reproduction, il suffit que le dépôt soit effectué avant la plainte. Paris, 28 mars 1883, 12 juin 1885 (*Ann. propr. ind.*, 84, 84 ; 86, 129).

333. La jurisprudence n'a pas admis que la loi de 1806 avait eu pour objet d'adapter à la matière spéciale des dessins de fabrique les règles générales édictées par la

loi de 1793 pour l'ensemble des œuvres littéraires et artistiques. En cette matière, si le dépôt du dessin de fabrique
ne crée pas la propriété, il forme tout au moins présomption de cette propriété; il a pour effet de permettre de
de poursuivre judiciairement les contrefacteurs; sans
dépôt, pas d'action. Donc le dépôt d'un dessin une fois
effectué ne permet pas d'agir par la voie répressive contre
ceux qui, antérieurement, ont contrefait ce dessin; si
la divulgation du dessin, opérée avant l'accomplissement du dépôt, n'est pas considérée comme empor-
tant toujours perte des droits privatifs du fabricant, au contraire, la mise en vente des objets revêtus d'un tel dessin,
effectuée avant le dépôt de celui-ci, entraîne pour l'intéressé la perte de ses droits. L'inventeur qui néglige de
remplir la condition du dépôt préalable, au prix de
laquelle la loi a mis sa garantie, est présumé renoncer,
par cela même, à en réclamer le bénéfice.

A cette théorie, la jurisprudence a apporté un correctif:
la communication ou exhibition d'un échantillon d'étoffe
d'un dessin nouveau, faite avant le dépôt de ce dessin,
dans le but unique d'apprécier les chances de succès et
de vogue qu'il pourra avoir, n'entraîne pas, comme une
mise en vente de l'étoffe, déchéance, pour l'auteur du
dessin, du droit de s'en réserver la propriété par un dépôt
régulier. Cass., 15 novembre 1853 (S., 53. 1. 703). (Pouillet,
Dess. de fabr., n° 96. Gastambide, p. 345 et suiv.)

Par conséquent, si l'auteur du dessin en a fait le dépôt
avant la mise en vente effective de l'étoffe, il peut exercer

l'action en contrefaçon contre l'individu qui aurait fabriqué des étoffes avec le même dessin, dans l'intervalle de l'exhibition de l'échantillon à la mise en vente de l'étoffe. Lyon, 19 juin 1851 (S., 51. 2. 606).

C'est la mise en vente opérée par l'intéressé qui entraîne déchéance de ses droits, il n'en saurait être ainsi lorsque la reproduction et la mise en vente par des tiers n'ont pu avoir lieu qu'à la suite d'abus de confiance ou de faits répréhensibles engageant directement la responsabilité des reproducteurs. Lyon, 3 juin 1870 *(Ann. propr. ind.*, 70. 363).

CHAPITRE IV

DE LA PROCÉDURE EN MATIÈRE DE CONTREFAÇON

334. Nous avons vu que le propriétaire du droit exclusif, quel que soit l'objet de son monopole, brevet, marque,
dessin ou droit d'auteur, peut agir contre les contrefacteurs, soit par la voie civile, soit par la voie correctionnelle; quelle que soit la juridiction saisie, ce sont les
règles ordinaires qu'il faut suivre. Nous allons essayer,
à propos des brevets, de donner l'ensemble des règles de
procédure qui trouvent plus particulièrement leur application, en matière de contrefaçon.

Section I

Action portée devant les tribunaux d'ordre civil.

335. Les lois spéciales ne contiennent que très peu de
dispositions relatives à l'action en contrefaçon, c'est dire
qu'en principe celle-ci est régie par le Code de procédure
civile; nous ne signalerons que les points pour lesquels

il est possible de relever quelques exceptions au droit
commun.

Aux termes de l'article 36 de la loi de 1844, les actions
relatives à la propriété des brevets d'invention doivent
être jugées comme affaires sommaires; mais cette solution, expressément consacrée pour les instances en nullité
ou en déchéance de brevets d'invention, ne peut être
étendue au cas où il s'agit d'action en contrefaçon d'inventions brevetées. En matière de marques de fabrique,
les procès en contrefaçon sont jugés comme affaires sommaires, parce que l'article 16 de la loi de 1857, qui cor-
respond à l'article 36 de la loi de 1844, est conçu en
termes beaucoup plus généraux et s'applique à toutes les
actions civiles relatives aux marques.

336. Lorsque l'action de l'inventeur doit être portée
devant le tribunal civil, faut-il qu'il y ait un préliminaire
de conciliation? L'article 48 du Code de procédure civile
décide qu'aucune demande principale, introductive d'instance entre parties capables, ne sera reçue devant les tribunaux de première instance, sans que le défendeur n'ait
été préalablement appelé en conciliation; cette règle générale doit être appliquée tant qu'une loi spéciale ne vient
pas y déroger, ou que la cause ne rentre pas dans un des
cas exceptionnels cités par la loi. On décide généralement que l'action en contrefaçon rentre dans les cas
exceptionnels prévus par l'article 49 du Code de procédure civile, et est dispensée du préliminaire de conciliation, parce que c'est une demande qui requiert célérité.

Toutefois, d'après certaines décisions, la dispense du préliminaire de conciliation n'existerait que si le breveté, le propriétaire de marques, d'œuvres littéraires et artistiques, etc., avait pris soin, avant d'intenter l'action, de recourir à la procédure de saisie ou de description. Ainsi, lorsqu'une saisie est déclarée nulle, l'action en contrefaçon et en dommages-intérêts fondée sur elle n'étant pas éteinte, mais dégagée désormais et de la saisie et de ses formes particulières, elle reprend le caractère qui lui est propre d'une action principale soumise, comme telle, aux formes ordinaires et notamment au préliminaire de conciliation ; de telle sorte que si cette formalité n'a pas été remplie, l'action doit être déclarée non recevable. Douai, 26 août 1865 (*Ann. propr. ind.*, 69. 325).

En tous cas, en matiere de contrefaçon d'inventions brevetées et de marques de fabrique, la procédure organisée par la loi est d'une nature spéciale : la saisie d'abord et, dans un délai déterminé (huitaine ou quinzaine), l'assignation ; les termes de la loi et la brièveté du délai ne permettent pas de supposer que le législateur ait voulu maintenir le préliminaire de conciliation. Au surplus, il n'a jamais été exigé en matière de saisie ordinaire, pourquoi serait-il jugé nécessaire ici ?

337. Si le breveté intente un procès en contrefaçon en vertu d'un brevet spécifié dans l'assignation, il ne peut au cours de l'instance invoquer à l'appui de ses prétentions d'autres brevets sans introduire une nouvelle demande qui pourra être jointe à la première, si elle est connexe, mais qui n'en devra pas moins être formée séparément, le breveté ne pourrait se contenter de poser de simples conclusions. En effet, en invoquant ces nouveaux brevets, il forme une demande nouvelle; car la demande, fondée sur un brevet déterminé, se trouve par cela même nettement définie et limitée à ce brevet; si le demandeur invoque au cours des débats un autre brevet, il ne peut prétendre qu'il fortifie sa première demande; la validité d'un brevet ne peut servir à en valider un autre. En demandant au tribunal de déclarer le défendeur contrefacteur de tel brevet spécifié, il s'écarte de cette demande en prétendant le faire condamner contrefacteur d'un autre brevet. Toutefois le breveté n'a pas besoin de mentionner expressément dans son assignation les certificats d'addition pour avoir le droit de s'en prévaloir; par brevet d'invention, il faut entendre non seulement le brevet principal, mais encore les certificats d'addition qui s'y rattachent et forment avec lui un tout unique. Mais si ces certificats n'ont été pris que depuis le commencement des poursuites, ils constituent un titre nouveau, qui peut être l'objet d'une demande nouvelle, mais qui ne saurait être compris dans la demande primitive.

SECTION II

Action portée devant les tribunaux répressifs.

338. Le breveté peut, comme toute personne lésée
par un délit, procéder par voie de citation directe ou par
voie de plainte au parquet. S'il dépose une plainte, une
instruction est ouverte, et quand elle est complète, une
ordonnance du juge d'instruction décide ou qu'il n'y a
pas lieu à suivre, ou que le prévenu est renvoyé devant le
tribunal de police correctionnelle pour y être jugé. L'ordonnance de non-lieu, si elle n'est pas attaquée en temps
utile, acquiert autorité de chose jugée, et le breveté
qui a épuisé son action ne peut plus la reproduire à
raison du même fait par un autre mode et devant une
autre juridiction. Cette procédure est inusitée en pratique.

Les poursuites en contrefaçon sont toujours portées
devant le tribunal correctionnel par une citation directe
lancée à la requête du breveté; elle doit remplir les conditions prescrites par le Code d'instruction criminelle.
La citation est signifiée par un huissier au domicile des
prévenus; elle leur fait injonction de comparaître à un
jour indiqué devant le tribunal correctionnel. Elle énonce
sommairement les motifs de la poursuite, et les réparations civiles qui seront demandées, avec réserve de modi-

fier, restreindre ou augmenter les conclusions qui y sont prises.

339. Les règles du Code d'instruction criminelle sont applicables en matière de contrefaçon, comme en toute autre; il n'y a nullité de l'exploit introductif d'instance qu'autant que ses irrégularités peuvent être considérées comme substantielles pour l'exercice du droit de défense. La citation sera valable, si les énonciations qu'elle contient, ne laissent aucun doute sur l'identité du plaignant ou du prévenu, ou sur la nature des faits relevés à la charge de ce dernier; ainsi le tribunal correctionnel ne pourrait statuer, si le fait prétendu délictueux n'a pas été mentionné dans l'assignation.

La citation est donnée à ceux qui sont prévenus de contrefaçon, c'est-à-dire aux fabricants, recéleurs, vendeurs, exposants, introducteurs en France, d'objets contrefaits. Il faut également citer les personnes civilement responsables du délit, par exemple le père du contrefacteur, si celui-ci est un mineur. On ne peut assigner une société devant la juridiction correctionnelle, qui demande au prévenu un compte personnel de ses actes, de ses intentions, et prononce des peines corporelles ; il faut citer le représentant légal de la société, qui est réputé être l'auteur personnel du délit, car un délit ne peut être commis par procuration. Il faut, sous peine de nullité de l'exploit d'ajournement, assigner les associés nominativement, ou du moins celui ou ceux d'entre eux qui ont personnellement participé aux faits de la contrefaçon; si la société est en nom collectif, l'assignation sera lancée contre le gérant; si la société est anonyme, la poursuite sera exercée contre les directeurs et administrateurs. Mais on devra mettre en cause la société qui est civilement responsable des condamnations pécuniaires qui seront prononcées en faveur du breveté. Si, depuis le fait de contrefaçon, la société s'est mise en liquidation, on citera les contrefacteurs et les liquidateurs de la société qui, en cette qualité, doivent exécuter les condamnations prononcées. Au cas où le contrefacteur serait en état de faillite déclarée, il faudrait mettre en cause et le failli, qui malgré sa situation doit supporter la responsabilité pénale de ses actions, et les syndics, comme civilement responsables des condamnations qui seront prononcées contre le failli. Ils doivent comprendre dans le passif et exécuter sur les biens dont ils sont les administrateurs, les confiscations et autres réparations civiles allouées au breveté.

340. Aux termes de l'article 185 du Code d'instruction criminelle, le prévenu a le droit de se faire représenter par un avoué toutes les fois que le délit qui lui est reproché n'est pas de nature à entrainer contre lui la peine de l'emprisonnement; donc, sauf le cas de récidive et de circonstances aggravantes prévues par l'article 45 de la loi de 1844, le contrefacteur d'une invention brevetée ou d'une œuvre littéraire peut légalement se dispenser de se présenter en personne; mais s'il ne comparait pas, ou ne se fait pas représenter, il est jugé par défaut et presque toujours condamné. Le prévenu de contrefaçon de

marques devra toujours se présenter en personne, parce
qu'il peut être condamné à la prison. Si le poursuivant ne se présente pas à l'audience, le tribunal
prononcera défaut-congé contre lui, et passera outre au
jugement; et le plus souvent il prononcera le renvoi du
prévenu. Cet acquittement prononcé en présence du ministère public a pour effet d'éteindre l'action publique,
qui ne pourra pas revivre par l'opposition de la partie
civile. Donc, si le breveté fait opposition au jugement par
défaut qui l'a débouté de sa demande, le tribunal ne
peut infliger aucune peine au prévenu, mais il doit examiner l'affaire au point de vue des intérêts civils du
breveté; il peut reconnaître l'existence de la contrefaçon
et condamner le coupable à des dommages-intérêts.

Si le tribunal, jugeant que le délit n'existe pas, prononce le renvoi du prévenu, il ne peut y avoir lieu de
statuer sur la responsabilité de la partie citée comme civilement responsable.

341. Devant la juridiction correctionnelle, l'audition
du ministère public est obligatoire; le défaut de constatation de son audition dans le jugement équivaut à l'absence
de conclusions de sa part; car ici le ministère public est
toujours partie au débat. L'instruction d'un procès en
contrefaçon se fait, comme dans toutes les autres matières correctionnelles, conformément à l'article 190 du
Code d'instruction criminelle.

342. L'appel est toujours ouvert contre les jugements
de police correctionnelle; si le jugement a été contradic-

toire, l'appel doit être interjeté dans les dix jours de la prononciation du jugement, et, s'il est par défaut, dans les dix jours depuis la signification à personne ou à domicile. Au correctionnel, l'appel incident d'une des parties ne permet à la Cour d'examiner et de réformer que les dispositions qui nuisent à cette partie ; chacune des parties, si elle a quelque grief à élever contre le jugement, est tenue d'en interjeter appel dans les dix jours de sa prononciation. Cette disposition n'interdit pas à la partie, qui a gagné son procès et qui voit son adversaire aller en appel, de demander à la Cour réparation du préjudice éprouvé depuis le jugement par suite de la prolongation du procès. L'action publique éteinte par le renvoi du prévenu ne peut renaître que sur l'appel du ministère public. L'appel de la partie civile seule ne remet en question que les intérêts civils ; la Cour peut, en infirmant le jugement, condamner le prévenu à réparer le dommage qu'il a causé au breveté, mais ne peut pas prononcer une peine. Sur l'appel d'un jugement interlocutoire, les magistrats peuvent, s'ils infirment la décision des premiers juges, évoquer le fonds et y statuer, s'ils trouvent l'affaire assez en état pour être jugée. Leur droit d'évocation n'est subordonné à d'autre condition que celle de la compétence du juge d'appel pour connaître le fond. Dans ce cas, le ministère public peut devant la Cour requérir l'application des peines qui, par la force des choses, n'ont pu être requises en première instance.

Devant la Cour d'appel, les limites d'un procès en contrefaçon sont fixées par les conclusions respectivement prises en première instance ; on peut devant la Cour former des demandes nouvelles lorsque ces demandes sont un moyen de défense à l'action principale.

Le décès du prévenu survenu avant la prononciation du jugement a pour effet d'éteindre l'action publique ; s'il meurt après le jugement, mais avant que la Cour ait prononcé sur l'appel interjeté soit par lui, soit par la partie civile, la Cour ne peut prononcer aucune peine, mais elle peut, statuant sur les intérêts civils, maintenir ou réformer à cet égard, la décision des premiers juges. Jusqu'à la prononciation du jugement ou de l'arrêt, le ministère public et le prévenu doivent être admis à conclure et à produire toutes pièces et documents qu'ils croient utiles à la manifestation de la vérité.

Le pourvoi en cassation est permis dans les trois jours de la prononciation de l'arrêt. Au correctionnel, le pourvoi est toujours suspensif et fait obstacle à l'exécution de l'arrêt, même en ce qui concerne les intérêts civils sur lesquels il statue. Au civil, c'est le contraire qui a lieu.

Section III

Défenses. Exceptions.

343. Les poursuites en contrefaçon peuvent amener le

prévenu à présenter pour sa défense des moyens de
forme ou Exceptions et des moyens de fond ou Défenses.
Les défenses sont les moyens qui portent sur le fond ou
le mérite de la demande et tendent à la faire rejeter comme
intentée sans droit. Les exceptions, sans attaquer le fond
ou le mérite de la demande, concluent à la faire écarter
pour le moment jusqu'à l'accomplissement de certaines
conditions ; ce sont presque toujours des exceptions pré-
judicielles, qui doivent être vidées, avant qu'il soit passé
à l'examen du fond, par des jugements distincts qui
peuvent être la matière d'appels. Parmi les moyens pré-
judiciels qui peuvent être soulevés par le prévenu, il faut
placer les suivants : les nullités de la citation, les renvois
(incompétence, litispendance, connexité), la caution
judicatum solvi, le défaut de qualité de la partie civile à
exercer la poursuite, le défaut de capacité de la partie
civile si la poursuite est intentée par un mineur en l'absence de son tuteur.

Le contrefacteur peut opposer plusieurs moyens tendant
directement à repousser la demande; il peut soutenir :
ou qu'il est autorisé par le breveté à faire ce qu'on lui reproche, ou qu'il n'est ni l'auteur ni le complice du fait
qui lui est reproché, ou que le brevet est sans valeur à
son égard, soit parce qu'il est frappé de nullité ou de déchéance, soit parce qu'il est lui-même propriétaire de
l'invention ou tout au moins qu'il la possédait antérieurement au brevet, ou, enfin, qu'à supposer le brevet valable, il ne l'a pas imité. En outre de ces moyens, le

prévenu peut, dans certaines espèces, opposer la chose jugée, qui est une exception du fond. Enfin, le prévenu peut encore se prévaloir de la prescription.

344. Ces exceptions ou ces défenses peuvent être indifféremment soulevées, soit devant la juridiction correctionnelle, soit devant la juridiction civile. Il est une règle générale dans notre droit français, c'est que le tribunal qui connaît de l'action, connaît aussi de l'exception; donc, lorsqu'une poursuite en contrefaçon sera intentée devant les tribunaux civils, ceux-ci seront compétents pour connaître des exceptions y relatives. Mais doit-il en être ainsi des tribunaux correctionnels? Le doute vient de ce que le tribunal n'a, en général, à statuer que sur un point spécial, tel qu'un délit, et ne juge point des questions de propriété; lorsqu'une question de propriété se présente devant le tribunal correctionnel, il surseoit à statuer jusqu'au moment où les parties ont vidé le différend devant un tribunal civil.

Cette question a été résolue en termes formels par l'article 46 de la loi de 1844 : « Le tribunal correctionnel, saisi d'une action pour délit de contrefaçon, statuera sur les exceptions qui seraient tirées par le prévenu, soit de la nullité ou de la déchéance du brevet, soit des questions relatives à la propriété du brevet. » Cet article était indispensable pour rendre les tribunaux correctionnels juges des exceptions, en présence de l'article 34 de la même loi, qui attribue compétence exclusive aux tribunaux civils pour toutes les questions qui touchent à la nullité, à la déchéance ou à la propriété des brevets.

345. Nous confondrons dans une même expression les défenses et les exceptions et nous les étudierons, non pas dans l'ordre où elles doivent être proposées, mais dans l'ordre le plus logique, sans tenir compte de leur qualité et de la différence de leur nature. Nous ne parlerons pas des exceptions qui rentrent dans les règles du droit commun, ou dans des espèces que nous avons précédemment étudiées; nous traiterons seulement des exceptions qui ont une relation directe avec la poursuite en contrefaçon. Il faut remarquer qu'en vertu de l'adage « *reus in excipiendo fit actor* », le défendeur est toujours obligé de prouver la réalité des faits qu'il met en avant et des exceptions qu'il oppose.

346. *Caution judicatum solvi.* — En toute matière, les étrangers demandeurs devant un tribunal français sont tenus de fournir une caution dite *judicatum solvi* pour assurer le payement des frais du procès au cas où l'étranger ne triompherait pas dans ses prétentions. Cette caution se confond-t-elle avec le cautionnement spécial de la loi de 1844, que l'étranger aura nécessairement déposé, s'il a pratiqué une saisie, ou s'y ajoute-t-elle? La caution *judicatum solvi* n'étant ordonnée qu'après un débat contradictoire, il semble qu'il faut laisser en tout cas au tribunal le soin de prescrire cette mesure, s'il la juge nécessaire, qu'il y ait eu saisie ou non. Cette caution n'est pas due par l'étranger admis à jouir, en France, de ses droits civils ou appartenant à une nation qui, par un traité, dispense les Français de fournir cette caution chez elle. Le dépôt de la caution *judicatum solvi* n'est pas une mesure d'ordre public dont l'accomplissement vicie la procédure; cette exception doit être présentée avant toute défense au fond, sinon elle ne pourrait plus l'être utilement.

347. *Sursis*. — Le tribunal correctionnel saisi d'une plainte en contrefaçon peut juger mais n'est pas tenu de juger les exceptions invoquées par le prévenu et se liant à la poursuite; c'est une faculté que la loi lui accorde et non une obligation qu'elle lui impose; il peut donc surseoir à statuer jusqu'à ce que le tribunal civil ait décidé. Ainsi si, une poursuite en contrefaçon est engagée devant un tribunal correctionnel en même temps qu'une demande en nullité ou en déchéance du brevet est pendante devant un tribunal civil, le prévenu peut demander au tribunal correctionnel de surseoir jusqu'au moment où il aura été statué sur la demande principale. Ce tribunal est libre de recevoir ou de repousser cette exception dilatoire, suivant que des circonstances résultera la plus ou moins bonne foi des parties; ou il accordera le sursis en fixant un délai raisonnable pendant lequel l'action civile devra être jugée; ou il le refusera, s'il voit que ce sursis n'est qu'un prétexte pour échapper aux dispositions de l'article 46 de la loi de 1844. Il ne peut être question de sursis devant le tribunal civil, la décision correctionnelle est sans influence sur la sienne.

348. *Litispendance.* — Il y a litispendance lorsqu'une même demande introduite devant ce tribunal est déjà pendante devant un autre, c'est-à-dire lorsque pour le même objet, la même cause, entre les mêmes parties, deux demandes sont formées à la même époque devant deux tribunaux l'un et l'autre compétents. Il y a un intérêt manifeste à ce que le tribunal, saisi en second lieu d'une demande déjà pendante devant d'autres juges, se dessaisisse à l'effet d'éviter deux décisions opposées. Or chaque fait de contrefaçon constitue un délit spécial, indépendant; l'inventeur peut, après avoir intenté une première poursuite devant le tribunal civil, exercer la seconde devant le tribunal correctionnel; le défendeur ne pourrait pas opposer la litispendance, car les conditions nécessaires à l'existence de cette exception ne se trouvent pas réunies. Ou encore, si le breveté, après avoir saisi le tribunal du domicile du contrefacteur, découvre un nouveau fait de contrefaçon dans lequel serait impliqué un complice, il peut saisir, à raison de ce second fait, le tribunal du domicile du complice; le contrefacteur, assigné devant ce tribunal, ne peut opposer la litispenpendance et demander son renvoi devant le tribunal saisi de la première poursuite; car chaque fait de fabrication, chaque vente, chaque introduction constitue un délit distinct, qui peut juridiquement donner naissance à une poursuite séparée. Cass., 10 juillet 1854 (*Bulletin criminel*, 1854, p. 381).

De même, le fait qu'une action en contrefaçon est pendante devant la juridiction correctionnelle, n'empêche pas le prévenu de saisir la juridiction civile d'une demande en nullité ou en déchéance du brevet ; l'inventeur ne saurait se prévaloir d'une litispendance qui n'existe pas.

349. *Connexité.* — Il y a connexité, lorsque deux demandes sans être identiques, comme dans la litispendance, sont cependant liées par un rapport si intime qu'il est nécessaire de les faire examiner par les mêmes juges ; ainsi, si une demande en nullité de brevet a été formée devant un tribunal civil, l'action en contrefaçon du même brevet qui a été portée devant un autre tribunal peut être renvoyée par celui-ci devant le premier tribunal. Mais on ne saurait se prévaloir de la disposition de l'article 171 du Code de procédure civile, dans une instance en contrefaçon portée devant la juridiction correctionnelle, dont la procédure est indiquée par le Code d'instruction criminelle ; le tribunal correctionnel peut surseoir à statuer mais non renvoyer la demande qui lui est soumise à un autre tribunal comme connexe à une action pendante devant lui.

350. *Recours en garantie.* — Il n'y a pas d'appel en garantie possible devant les tribunaux correctionnels. Toute personne est personnellement responsable de ses actes. Le prévenu doit justifier qu'il est étranger au délit ou prouver sa bonne foi ; mais il ne peut appeler aucune personne en garantie. Car, s'il n'est pas contrefacteur, il n'a à répondre ni pénalement ni pécuniairement du délit ;

s'il est reconnu coupable il ne peut demander une garantie, on n'est jamais obligé de commettre un délit, on n'est pas moins coupable si on a commis le délit à l'instigation d'un tiers, car cela ne prouve qu'une chose, c'est que le poursuivi a un complice. Dans tous les cas, les tribunaux correctionnels doivent repousser d'office l'exception de garantie, même si toutes les parties étaient d'accord pour l'accepter.

La procédure civile admet l'appel en garantie, en matière de contrefaçon, comme en toute autre matière; seulement le recours en garantie n'est recevable qu'autant que celui qui le forme n'est pas lui-même reconnu coupable de contrefaçon. La loi et l'ordre public ne peuvent pas permettre qu'au moyen d'une stipulation en garantie, on puisse s'exonérer éventuellement des conséquences d'un délit qu'on commettrait ou ferait commettre. La bonne foi d'un débitant, reconnue par les tribunaux, n'empêche ni la confiscation des produits contrefaits, ni la condamnation aux dépens ou à des dommages-intérê.s; mais comme il n'est pas reconnu coupable d'un fait délictueux, il peut former un recours en garantie contre celui duquel il tient les produits contrefaits et qui est la cause de l'instance qu'il est obligé de subir.

351. *Intervention*. — L'intervention est l'action par laquelle un tiers, prétendant avoir des intérêts dans la cause pendante entre deux parties, demande à être admis dans l'instance pour faire valoir ses droits.

Nos lois criminelles ne prononcent nulle part le mot

intervention, et la loi de 1844 et celle de 1857 gardent à cet égard le même silence; cela veut-il dire que cette forme de procédure n'est recevable que devant la juridiction civile? Il faut distinguer : s'il s'agit d'une personne qui intervient à côté du plaignant et vient joindre sa plainte à la sienne, l'intervention est recevable; s'il s'agit, au contraire, d'une personne qui intervient à côté du prévenu, soit pour prendre son fait et cause, soit pour protéger sa responsabilité, l'intervention n'est pas recevable. Un brevet appartient à plusieurs personnes; une poursuite en contrefaçon a été introduite seulement par l'un des ayants droit; les autres copropriétaires pourront intervenir dans cette instance pour soutenir la même plainte et défendre les mêmes droits; on ne peut leur refuser le droit d'intervenir; puisqu'ils auraient le droit de poursuivre directement la contrefaçon, il faut admettre que l'action qui aurait pu être introduite par eux peut être formée au cours de la procédure.

D'ailleurs, le Code d'instruction criminelle permet à toute personne, lésée par un délit, de se porter partie civile, en tout état de cause et jusqu'à la clôture des débats de la poursuite de ce délit; et l'intervention du breveté ou du cessionnaire, dans une poursuite en contrefaçon engagée par l'un ou l'autre isolément, est simplement l'acte par lequel il se porte partie civile. D'ailleurs, si la poursuite n'est pas justifiée, l'intervenant peut lui même être condamné à des dommages-intérêts vis-à-vis du prévenu acquitté. Si le breveté a cédé la totalité de

son brevet. il ne peut pas intervenir à la poursuite de
son cessionnaire; le fait de la cession a dépouillé le breveté de ses droits, il est devenu un tiers par rapport à son
brevet.

352. On ne peut intervenir devant le tribunal correctionnel pour prendre le fait et cause du prévenu; on ne
peut aller au devant d'une prévention qui ne vous atteint
pas; les mêmes raisons qui interdisent le recours en
garantie, empêchent aussi l'intervention. Supposons l'intervention possible; l'intervenant est déclaré coupable du
délit de contrefaçon; mais puisque aucune plainte n'a
n'a été portée contre lui par le breveté, et que cette
plainte seule peut mettre l'action publique en mouvement, il s'ensuit qu'aucune condamnation pénale ne peut
être prononcée contre lui. Comme le juge correctionnel
ne peut statuer sur les intérêts civils qu'autant qu'ils se
lient au fait délictueux, il faut en conclure que le tribunal, incompétent pour prononcer une condamnation
pénale, serait également incompétent pour se prononcer
sur les intérêts civils.

On admet généralement que la partie, qui peut être
déclarée civilement responsable des condamnations prononcées contre le prévenu, a le droit d'intervenir à côté
de lui; ici les deux parties sont unies par un lien étroit;
la poursuite au lieu d'engager seulement le prévenu engage en même temps et compromet irrévocablement la
partie civilement responsable.

Devant le tribunal civil, la question ne souffre aucune

difficulté, toute personne qui a intérêt à venir défendre, dans un procès auquel elle n'est pas elle-même appelée, ses droits éventuellement menacés, peut intervenir. Les articles 466 et suivants du Code de procédure règlent l'intervention devant les tribunaux civils.

353. *Expertise.* — Il appartient aux tribunaux d'or·donner telle mesure d'instruction qu'ils jugent convenable, soit une expertise, soit une comparution des parties, soit une enquête. L'expertise est, dans un procès en contrefaçon, la mesure la plus souvent ordonnée ; le plus fréquemment, la preuve de la contrefaçon résulte d'un examen technique pour lequel les connaissances possédées par les magistrats sont généralement insuffisantes. Ils sont donc obligés de s'en remettre à des tiers possédant des aptitudes spéciales, qu'ils chargent d'examiner les conditions de la cause et de dresser un rapport sur les faits. La loi autorise les magistrats à ordonner d'office l'expertise, bien qu'aucune des parties n'y aient conclu ; mais ils ne sont pas tenus de l'accorder, même si elle est demandée par toutes les parties ; en ce cas le tribunal doit motiver son refus, sinon son jugement pourrait être reformé en appel. Le tribunal doit nommer trois experts à moins que les parties ne consentent à ce qu'un seul examine les faits ; les tribunaux correctionnels, qui ne sont pas liés par les prescriptions du Code de procédure civile, peuvent légalement ne nommer qu'un seul expert. La mission des experts peut être aussi large que possible et il n'appartient qu'aux tribunaux de la limiter ;

mais les experts doivent s'enfermer dans les bornes qui leur ont été tracées. On s'est demandé si les parties qui, aux termes de l'article 315 C. **Pr.** C., doivent être présentes ou au moins appelées à l'expertise ordonnée par la juridiction civile, doivent l'être aux expertises criminelles? Il n'y a aucune raison pour qu'il en soit différemment dans l'un et l'autre cas.

L'expertise est une mesure d'instruction que le juge ordonne afin de s'éclairer, mais dont les résultats ne s'imposent pas à sa conscience; il peut se décider dans un sens absolument opposé au rapport si sa conviction s'y oppose. Si l'expertise vient à être annulée pour une raison quelconque, il n'est pas tenu d'en ordonner une nouvelle, s'il se croit suffisamment éclairé; dans le cas contraire, il peut ordonner d'office une nouvelle expertise, soit par les mêmes, soit par de nouveaux experts.

354. *De la chose jugée.* — Supposons que le prévenu du délit de contrefaçon a déjà été traduit devant un tribunal civil pour une autre atteinte au même brevet; là il a opposé la nullité ou la déchéance du brevet et s'est porté reconventionnellement demandeur sur ce point; ou prévenant la poursuite en contrefaçon, il a demandé par action principale la nullité du brevet; si la décision qui est intervenue a annulé le brevet, il n'aura qu'à opposer à la nouvelle poursuite l'autorité de la chose jugée. Ce qui a été jugé entre les parties est réputé bien jugé, leur situation est définitivement réglée, et la partie, en faveur de laquelle le jugement a été prononcé, s'appuie sur ce jugement même pour repousser une nouvelle demande de son adversaire ; c'est ce qu'on exprime par le vieil adage. « *Res judicata pro veritate habetur* ». La partie qui a fait prononcer la nullité du brevet est libre d'exploiter l'objet de ce brevet qui, quant à elle, n'a plus aucune force légale ; mais la chose jugée ne protège que celui qui a figuré dans l'instance. Au contraire si, sur les réquisitions formelles du ministère public, les tribunaux civils ont prononcé la nullité ou la déchéance du brevet, chacun peut, sans encourir une poursuite, fabriquer les produits, appliquer les procédés dont l'inventeur avait vainement espéré se réserver l'exploitation exclusive ; la chose jugée protège tout le monde. Lorsque sur les conclusions du ministère public demandant la nullité ou la déchéance, le brevet a été déclaré valable par la juridiction civile, l'emploi des moyens privilégiés constitue la contrefaçon, si de nouveaux moyens fondés en droit et en fait ne viennent détruire ce brevet.

355. Examinons maintenant la portée des décisions rendues au correctionnel. En principe, les tribunaux correctionnels n'ont à se prononcer que sur un point : l'existence ou la non-existence du délit ; mais l'article 46 de la loi de 1844 leur permet de statuer sur les exceptions qui seraient tirées par le prévenu, soit de la nullité ou de la déchéance du brevet, soit des questions relatives à la propriété dudit brevet. Les termes de l'article 46 ne sont pas limitatifs, et il faut dire que le juge correctionnel est

juge de toutes les exceptions qui se lient à la poursuite
en contrefacon. La loi sur les brevets a-t-elle voulu déroger à cette règle du droit commun que la décision des
tribunaux correctionnels sur l'appréciation des exceptions
ne constitue jamais que l'appréciation d'un moyen de défense, et n'emporte pas avec elle autorité de la chose
jugée? Ou a-t-elle accordé au tribunal correctionnel le
droit de statuer souverainement sur les exceptions soulevées au cours des débats par le prévenu?

Aujourd'hui, une jurisprudence unanime et presque
tous les auteurs admettent que le tribunal correctionnel
ne tranche pas définitivement la question de nullité ou de
propriété des brevets; il ne les juge que comme exceptions opposées à la poursuite. Celles-ci ne constituent, en
définitive, que des arguments que le tribunal admet ou
repousse, rien de plus. De ce droit d'examiner les exceptions découle, pour les juges correctionnels, la faculté
d'acquitter le prévenu en se fondant sur la nullité du
brevet; mais ces juges excèdent leur pouvoir, s'ils
statuent d'une manière générale, en prononçant la
nullité ou la déchéance d'un brevet. Malgré cette décision, le prévenu acquitté peut être poursuivi à raison de
faits nouveaux, de même nature que celui pour lequel il
a été acquitté, et la partie civile est recevable à relever
les conséquences privées de ces faits.

356. Car en matière correctionnelle, il n'y a chose
jugée, à l'égard du ministère public, que sur le fait qui
est l'objet de la poursuite, et à l'égard de la partie civile,

que sur les conséquences civiles que cette partie a voulu,
fait sortir du fait poursuivi ; les exceptions à l'aide
desquelles le prévenu fait valoir sa défense ne sont définitivement et absolument admises que relativement au fait
spécial incriminé. « Car la nullité ou la déchéance, dit
M. Nouguier (p. 394), dont se prévaut le prévenu, et qu'il
demande aux magistrats de constater, est uniquement
une défense à la poursuite ; elle ne constitue pas une
action principale ; elle n'est pas l'objet direct des débats,
elle n'est qu'une exception. Le fond du débat, sur lesquels
les juges statuent, c'est la question de savoir si le prévenu
est coupable ou innocent. Dès lors, quand les tribunaux
correctionnels statuent sur la déchéance et la nullité du
brevet, quels que soient les termes dont ils se servent, ils
ne traversent cette question que pour arriver à la déclaration de l'innocence ou de la culpabilité du prévenu. »
Pour que la déchéance ou la nullité cessent d'être relatives à l'objet de la prévention, pour qu'elles deviennent
absolues quant à la personne du prévenu acquitté, et le
mettent à l'abri d'une nouvelle attaque, il faut que cette
nullité ou cette déchéance aient fait l'objet d'une demande
principale portée devant les juges civils.

C'est cette théorie que le législateur a voulu consacrer ;
l'article 16 de la loi de 1857 est calqué sur l'article 46 de
la loi de 1844, et la loi sur les marques de fabrique a été
rendue après qu'un arrêt de la Cour de cassation, en date
du 29 avril 1857, avait définitivement fixé la jurisprudence ; nul doute que le juge correctionnel ne soit juge

de l'exception ; la décision qu'il rend sur l'exception ne constitue, dans aucun cas, l'autorité de la chose jugée. L'inventeur, en portant son action devant le tribunal correctionnel, perd en quelque sorte, en autorité de décision, ce qu'il gagne en rapidité d'action.

357. Si le tribunal correctionnel a sursis jusqu'à ce que le tribunal civil se soit prononcé sur la validité du brevet, il est lié par cette décision. Au contraire, le jugement correctionnel, qui a admis la poursuite en contrefaçon et repoussé, par conséquent, l'exception tirée de la nullité ou de la déchéance du brevet, ne fait pas obstacle à ce que la juridiction civile saisie ultérieurement de cette question ne la tranche dans un sens différent. Mais la décision civile n'a pas et ne peut avoir pour objet ou pour effet de réformer le jugement correctionnel ; ce qui est jugé, c'est-à-dire la question de la contrefaçon, est définitivement jugé, le breveté peut exécuter le jugement correctionnel, s'il ne l'a pas déjà été.

TITRE III

RÉPRESSION DE LA CONTREFAÇON

CHAPITRE PREMIER

PEINES

358. La diversité que nous avons constatée en étudiant jusqu'à présent les dispositions des différentes lois qui rentrent dans notre examen se retrouve encore dans la détermination des peines dont sont frappés ceux qui commettent une contrefaçon ou des délits qui lui ont été assimilés.

359. En matière de brevets d'invention, la peine est d'une amende de 100 à 2.000 francs pour la contrefaçon le recel, l'usage, la vente, l'exposition en vente ou l'introduction sur le territoire français d'objets contrefaits. Cette peine est la même que celle prononcée par l'article 427, C. P., en matière de contrefaçon littéraire et artistique ;

mais la loi de 1844 se montre plus sévère à l'égard des simples vendeurs d'objets contrefaits que le Code pénal.

Le projet primitif de la loi de 1844 se bornait à reproduire les pénalités portées dans l'article 427 C. P.; l'égalité de la peine pour le fabricant et son complice n'a été introduite dans la loi que lors de sa discussion ; elle rend inutile le § 2 de l'article 42 qui ordonne que la peine la plus forte sera seule prononcée pour tous les faits antérieurs au premier acte de poursuite ; on a omis de supprimer ce passage, qui avait sa raison d'être dans le système du projet qui admettait des degrés dans la peine suivant la gravité de l'acte délictueux.

L'amende, étant une peine, ne peut pas être prononcée par les tribunaux civils, saisis d'une action en contrefaçon; seuls les tribunaux correctionnels peuvent la prononcer. S'il y a plusieurs personnes coupables du délit de contrefaçon, il y a lieu de prononcer autant d'amendes qu'il y a d'individus personnellement déclarés coupables ; chacun d'eux doit supporter les conséquences de sa faute personnelle. Par conséquent, quand une contrefaçon a été commise par plusieurs associés agissant en commun, il doit être prononcé contre chacun d'eux une amende distincte.

360. Outre la peine de l'amende, un emprisonnement d'un mois à six mois peut être prononcé si le contrefacteur est un ouvrier ou un employé ayant travaillé dans les ateliers ou dans l'établissement du breveté, ou si le contrefacteur, s'étant associé avec un ouvrier ou un

employé du breveté a eu connaissance par ce dernier des procédés décrits au brevet (art. 43).

361. En cas de récidive, la loi de 1844 prononce outre l'amende un emprisonnement d'un mois à six mois (art. 43). Cet article nous dit ce qu'il faut entendre par récidive. « Il y a récidive lorsqu'il a été rendu contre le prévenu dans les cinq années antérieures, une première condamnation pour un des délits prévus par la présente loi. » On sera donc en état de récidive, et par conséquent passible de prison, si on a dans le délai de cinq ans porté une atteinte à un brevet quelconque ; mais il faut que cette condamnation ait eté rendue par un tribunal de répression ; une première condamnation prononcée par un tribunal civil n'expose pas aux peines de la récidive. Il faut de plus que le premier jugement soit irrévocable lors de la seconde poursuite.

Mais le prévenu, serait-il en état de récidive, s'il avait déjà été condamné non pas pour avoir commis le délit de contrefaçon des articles 40 et 41, mais l'un des autres délits punis par l'article 33 de la loi de 1844 ? par exemple, s'il avait déjà été condamné pour avoir pris à tort la qualité de breveté. La réponse serait affirmative, si l'on se contentait de prendre à la lettre le texte de la loi qui dit que la récidive est la répétition d'un des délits prévus par la présente loi ; mais si on consulte les travaux préparatoires, on voit que cet article 33 n'a été inséré dans la loi de 1844 qu'au dernier moment, et que cet article prévoit expressément le cas de récidive des délits spé-

ciaux dont il s'occupe; donc l'article 43 en parlant de
la récidive ne s'occupe pas des délits punis par l'article 33.

Il faut en conclure que les juges ne pourront déclarer
le contrefacteur en état de récidive, que s'il a déjà été
condamné pour avoir contrevenu aux dispositions des articles 40 et 41 seulement.

362. Le même individu peut avoir contrefait l'objet
breveté, l'avoir exposé en vente, l'avoir vendu, en un
mot, s'être rendu coupable de plusieurs délits; en ce cas,
quoique chacun de ces actes constitue un délit spécial et
distinct, une seule amende devra être prononcée; car
l'article 42 de la loi de 1844, conforme sur ce point à
l'article 365, C. Instr. Crim., déclare en termes formels
que les peines ne doivent pas être cumulées, et que la
plus forte doit seule être prononcée pour les faits de
contrefaçon antérieurs à la première poursuite. Mais il
n'y a pas lieu à cassation d'un arrêt qui a prononcé deux
amendes contre un même prévenu, condamné une première fois pour être l'auteur de certains faits et une autre
pour en être le complice, lorsque les amendes réunies ne
dépassent pas le maximum fixé par la loi. Cass., 14 avril
1859 (*Ann. propr. ind.*, 59. 161).

363. D'après la loi de 1857 sur les marques, il peut
être prononcé une amende de 50 francs à 3.000 francs et
un emprisonnement de trois mois à trois ans, ou l'une de
de ces peines seulement, contre ceux qui ont contrefait
une marque ou fait usage d'une marque contrefaite,

contre ceux qui ont frauduleusement apposé sur leurs produits ou les objets de leur commerce une marque appartenant à autrui, contre ceux qui ont sciemment vendu ou mis en vente un ou plusieurs produits revêtus d'une marque contrefaite ou frauduleusement apposée (art. 7). Ces pénalités descendent respectivement au taux de 50 francs et de 2.000 francs pour l'amende, d'un mois et d'un an pour l'emprisonnement pour ceux qui, sans contrefaire une marque, en ont fait une imitation frauduleuse de nature à tromper l'acheteur, ou ont fait usage d'une marque frauduleusement imitée, ou ont sciemment vendu ou mis en vente un ou plusieurs produits revêtus d'une marque frauduleusement imitée.

Le législateur a gradué la peine suivant la gravité des faits délictueux qu'il voulait réprimer. M. Bédarride (n° 947) regrette que la même peine n'ait pas été édictée contre la contrefaçon proprement dite, c'est-à-dire contre la reproduction brutale, et contre l'imitation frauduleuse qu'il appelle « une contrefaçon doublée d'hypocrisie »; on peut répondre que le législateur a prononcé dans ce dernier cas une peine moins forte, parce que, si une marque frauduleusement imitée est de nature à engendrer une confusion, les différences qui la distinguent de la marque originaire suffiront souvent à éveiller l'attention des acheteurs; le préjudice résultant de l'imitation frauduleuse sera partant moins grand ou moins certain que celui résultant de la contrefaçon elle-même.

Comme en matière de brevets, les différentes peines

édictées par la loi de 1857 ne peuvent étre cumulées
(art. 10).

La récidive, dont la définition est la même dans notre
espèce que quand il s'agit de brevet d'invention, peut
entraîner la condamnation du coupable à des peines dou-
bles de celles qui viennent d'être indiquées.

364. En outre de ces peines, la loi de 1857 permet aux
tribunaux, mais ils usent rarement de cette faculté, de
priver les contrefacteurs du droit de participer aux élec-
tions des tribunaux et des chambres de commerce, des
chambres consultatives des arts et manufactures, et des
conseils de prud'hommes, pendant un temps qui n'ex-
cèdera pas 10 ans (art. 13).

Comme cette disposition constitue une véritable peine,
elle ne peut être appliquée que par les tribunaux correctionnels.

365. La loi du 28 juillet 1824 ne punit pas directement
l'usurpation du nom commercial ; pour l'application des
peines, elle renvoie purement et simplement à l'article 423 du Code pénal. Cet article prononce un emprisonnement de trois mois au moins, d'un an au plus, et
une amende qui ne pourra excéder le quart des restitu-
tions et dommages-intérêts, ni être au dessous de
50 francs.

366. Les dispositions pénales de la loi de 1824 et de la
loi du 23 juin 1857, ont été complétées et rendues plus
rigoureuses, dans certains cas, par la *loi du 26 novembre 1873*. Aux termes de cette loi, tout propriétaire d'une

marque de fabrique ou de commerce, déposée conformément à la loi du 23 juin 1857, peut, moyennant le payement d'une taxe, faire apposer par l'État, soit sur les étiquettes, bandes ou enveloppes en papier, soit sur les étiquettes ou estampilles en métal, sur lesquelles sa marque figure, un timbre ou poinçon spécial destiné à affirmer l'authenticité de cette marque.

La loi de 1873 a un double but : procurer d'abord des ressources au Trésor, et offrir une garantie aux fabricants. Le timbre ou poinçon, apposé sur la marque, en affirme l'authenticité, et, dès lors, le contrefacteur, s'il persiste dans son usurpation, est obligé d'imiter, non seulement la marque proprement dite, mais encore le timbre de l'État. La contrefaçon ou la falsification de ce timbre est punie de la peine portée en l'article 140 du Code penal, qui est celle des travaux forcés à temps.

L'usage des timbres ou poinçons ainsi falsifiés ou contrefaits constitue un crime de même nature et est puni des mêmes peines.

Tout usage frauduleux, sous quelque forme qu'il ait lieu, du timbre ou poinçon véritable de l'État, constitue un délit puni de la peine portée à l'article 142 du Code pénal, c'est-à-dire de 2 à 5 ans de prison. La loi autorise l'admission des circonstances atténuantes.

367. Pour ce qui est des œuvres littéraires et artistiques, comme aussi des dessins et modèles de fabrique, la peine est une amende de 100 francs à 2.000 francs contre les contrefacteurs, les introducteurs, les exportateurs et expéditeurs, et d'une amende de 25 francs à 500 francs contre les débitants (art. 427, C. P., et art. 2, Décret du 28 mars 1852).

Faisons remarquer que l'article 427, C. P., déroge aux règles générales posées dans les articles 59 et 60, C. P., en matière de complicité. D'après·ces articles, tous ceux qui aident à commettre un délit, tous les complices et les receleurs sont toujours punis de la même peine que les auteurs principaux du délit. Ici, il en est différemment ; l'amende est moitié moins forte pour le débitant que pour le contrefacteur.

Toutefois cet article 427 n'exclut pas l'application des règles ordinaires de la complicité ; alors le receleur ordinaire, celui qui détient sciemment les produits contrefaits sans les mettre en vente, sera considéré comme complice, puni de la même peine que l'auteur principal et condamné solidairement avec lui, tandis que s'il se transforme en débitant, c'est-à-dire s'il expose publiquement les objets contrefaits, s'il les met en vente et cherche à en tirer profit, il aggravera sa situation au point de vue moral, mais il l'améliorera au point de vue légal n'étant plus possible que d'une peine moindre ! Les tribunaux feront disparaître cette anomalie par la latitude qu'ils ont pour fixer le taux de l'amende.

Telles sont les pénalités qui peuvent frapper les différentes infractions que nous venons d'énumérer ; en terminant, faisons observer que, dans tous les cas, le juge peut toujours, en accordant des circonstances atténuantes, descendre au dessous des pénalités indiquées et se contenter de prononcer une amende même inférieure à 16 francs.

CHAPITRE II

CONFISCATION

368. Aux termes de l'article 49 de la loi de 1844, « la confiscation des objets reconnus contrefaits, et le cas échéant, celle des instruments ou ustensiles destinés spécialement à leur fabrication seront, même en cas d'acquittement, prononcées contre le contrefacteur, le recéleur, l'introducteur ou le débitant; les objets confisqués seront remis au propriétaire du brevet ».

369. L'article de la loi de 1857 est ainsi conçu : « la confiscation des produits dont la marque serait reconnue contraire aux dispositions des articles 7 et 8 peut, même au cas d'acquittement, être prononcée par le tribunal, ainsi que celle des instruments et ustensiles ayant spécialement servi à commettre le délit. Le tribunal peut ordonner que les produits confisqués seront remis au propriétaire de la marque contrefaite ou frauduleusement apposée indépendamment de plus amples dommages-intérêts, s'il y a lieu. Il prescrit, dans tous les cas, la destruction des marques reconnues contraires aux dispositions des articles 7 et 8 ». En cette matière, la confiscation est toujours facultative; car la fraude ne gisant pas dans l'objet lui-même mais se trouvant toute entière dans la marque apposée, la destruction de cette marque suffira presque toujours à donner satisfaction à la partie lésée.

Le plus souvent, c'est au profit de la partie lésée que la confiscation est prononcée, mais sous ce rapport encore, les juges jouissent d'une véritable faculté; après avoir ordonné la confiscation, ils peuvent s'abstenir de décider que la remise des objets confisqués sera faite au propriétaire de la marque; dans ce cas la confiscation profite an Trésor.

On comprend que la confiscation puisse être ordonnée dans un cas où il n'existe pas de partie lésée à laquelle la remise puisse être consentie; c'est ce qui se passe dans le cas d'introductien en France d'objets portant une marque qui, bien que d'apparence française et de nature à faire croire que les produits revêtus de ce signe ont été fabriqués en France, ne se rapproche cependant d'aucune marque française au point que l'on puisse dire qu'elle en est la contrefaçon ; la situation est la même lorsque l'usurpation porte sur un nom imaginaire de localité à consonnance française.

370. L'article 427, C. P., prononce la confiscation de l'édition contrefaite tant contre le contrefacteur que contre l'introducteur et le débitant; les planches, moules et matrices des objets contrefaits seront aussi confisquées. L'artique 429, C. P., ordonne que « le produit de confiscations sera remis au propriétaire pour l'indemniser d'autant du préjudice qu'il aura souffert ». La loi en parlant du produit des confiscations veut dire la somme provenant de la vente des objets reconnus contrefaits et confisqués. Personne n'accepte cette solution ; pour que la vente eût lieu, il faudrait l'autorisation de l'auteur ; il est donc plus simple et plus naturel d'attribuer à la partie lésée ces objets eux-mêmes, sauf aux juges à en arbitrer la valeur pour savoir s'il faut accorder en outre des dommages-intérêts.

On admet que l'auteur ou le breveté, victime d'une contrefaçon, peut demander au lieu de l'attribution des objets contrefaits la destruction pure et simple de ces objets au cas où il estime qu'il ne pourrait en tirer parti ; les tribunaux devront faire droit à cette demande. Mais la mesure légale est toujours la confiscation et c'est le plaignant seul qui pourra demander la destruction, le contrefacteur ne pourrait en aucun cas détruire lui-même les objets saisis. Paris, 15 mars 1882 (*Ann. propr. ind.*, 84. 359).

371. *Caractère de la confiscation.* — Un très grand nombre d'interprètes pensent que l'attribution des objets confisqués à la partie lésée a pour effet de transformer la confiscation en une simple réparation civile. Pour eux, le principe a été consacré législativement lorsque les lois de 1844 et de 1857 ont prononcé la confiscation des objets contrefaits en ajoutant immédiatement qu'il y aurait remise au propriétaire du brevet ou de la marque. Les termes mêmes des textes ne laissent aucun doute sur le caractère de réparation civile attribuée à la confiscation :

l'article 429 du Code pénal porte en effet que le produit des confiscations ou les recettes confisquées seront remis au propriétaire pour l'indemniser d'autant du préjudice qu'il aura souffert. De même l'article 49 de la loi du 5 juillet 1844 déclare que les objets confisqués seront remis au propriétaire du brevet sans préjudice de plus amples dommages-intérêts, s'il y a lieu. L'article 14 de la loi de 1857 est rédigé dans les mêmes termes. Au surplus, les deux lois de 1844 et de 1857, en édictant la confiscation même en cas d'acquittement, montrent bien que la confiscation ainsi établie n'est plus considérée comme une peine, qu'elle devient principalement une réparation du dommage causé au propriétaire de la marque ou du brevet.

En matière de contrefaçon d'inventions brevetées et de marques de fabrique, tous les auteurs et une jurisprudence constante attribuent à la confiscation le caractère dominant de réparation civile (Nouguier, n° 1014 ; Bedarride, n°s 654 et 958 ; Rendu, *Codes de la propriété industrielle*, t. II, n°s 233 et 234 ; Cass., 29 juin 1874 ; Dalloz, 1874, 1. 12 ; 13 avril 1877, Dalloz, 77. 1. 401).

372. Il n'en est plus de même lorsqu'il s'agit de fixer le caractère de la confiscation en matière de contrefaçon d'œuvres d'art ou d'esprit. Un très grand nombre d'auteurs et la Cour de cassation soutiennent qu'en ce cas particulier la confiscation est une véritable peine, et tirent de ce principe toutes les conséquences qu'il comporte. La difficulté tient à ce que les articles 427 et 429 du Code pénal, à la différence des lois sur les brevets d'invention et les marques de fabrique, ne disent pas expressément que la confiscation des objets reconnus contrefaits et des instruments qui ont servi à leur fabrication sera prononcée même en cas d'acquittement. Dès lors, dit-on, c'est dans le Code pénal qu'il faut rechercher le caractère de la con-fiscation, et ce caractère, aux termes de l'article 11, est celui de peine.

De nombreux arrêts ont accepté cette théorie et en ont tiré des conséquences fort graves. Ils déclarent très nettement que la confiscation édictée par les articles 427 et 429 du Code pénal étant une peine ne peut être prononcée qu'à la suite d'une condamnation, qu'elle ne peut frapper un prévenu acquitté à raison de sa bonne foi. Cass. 18 juin 1847 (*Ann. propr. ind.*, 1868-318, Dalloz 1847, 1, 170). Cassation 29 décembre 1882 (*Ann. propr. ind.* 1884-366). Ce dernier arrêt condamne la théorie soutenue par les principaux commentateurs des lois sur la propriété littéraire, théorie d'après laquelle la confiscation prononcée en vertu des articles 427 et 429 du Code pénal est une pure indemnité.

373. Certains auteurs, MM. Blanc (*Tr. de la contre-fa-çon*, p. 466), Rendu, Gastambide (n. 183), qui acceptent cependant le caractère pénal de la confiscation, distinguent la *confiscation* de la *remise* des objets confisqués. « La confiscation, dit M. Rendu (n° 835), ne doit pas être confondue avec la remise des objets contrefaits que le tribunal civil peut accorder au propriétaire à titre d'indemnité, tandis que la confiscation est également une peine qui ne peut être prononcée qu'en cas de condamnation par un tribunal correctionnel. »

Grâce à cette distinction, on écarte les conséquences fâcheuses qui se présentent nécessairement, lorsqu'on attribue à la confiscation un caractère purement pénal ; mais on ne peut l'admettre, elle n'est écrite nulle part dans la loi ; et de plus, avec ce système, la remise des objets contrefaits à la partie lésée devient facultative, ce qui est contraire aux textes de la loi de 1793 et du Code pénal.

374. Et d'ailleurs, n'y a-t-il pas véritable contradiction à assigner un caractère différent à la confiscation suivant qu'il s'agit de la contrefaçon d'œuvres littéraires et artistiques ou de celle d'inventions brevetées et de marques de fabrique, suivant que l'on applique les textes du Code pénal ou les lois de 1844 et de 1857? La confiscation doit avoir le même caractère dans tous les cas.

Quelle est donc la nature de la confiscation ?

Ce ne peut être une peine ; elle n'en est pas une dans les lois de 1844 et de 1857, puisqu'elle est prononcée même en cas d'acquittement et que l'acquittement, en supposant l'absence de culpabilité, exclut toute peine.

C'est, dit-on une indemnité, parce que la confiscation est édictée non plus dans un intérêt public mais dans un intérêt privé. Sans doute la confiscation concourt à reparer le préjudice causé au breveté par la contrefaçon, mais elle manque du caractère essentiel de la réparation

civile proprement dite, elle n'est pas exactement propor-
tionnée au préjudice causé. En effet, le Code pénal et la
loi de 1844 font de la confiscation une obligation pour le
juge ; il ne lui appartient pas de ne pas la prononcer ou
la limiter, suivant les cas, en appréciant le préjudice.
Sans doute, la loi de 1857 rend la confiscation facultative, mais là encore, le tribunal ne peut que prononcer
la confiscation sans évaluation préalable ou ne pas la
prononcer ; il n'a pas le pouvoir de restreindre la confiscation à quelques-uns des objets contrefaits.

375. Il nous paraît que la confiscation, attachée à la
répression de la contrefaçon par le Code pénal et les lois
postérieures, n'est pas différente de celle qui frappe, dans
d'autres hypothèses, les objets prohibés en eux-mêmes ;
qu'elle est une mesure de police ou d'ordre public indispensable pour assurer le respect des droits des auteurs,
brevetés et propriétaires de marques, et que l'attribution
qui est faite à la partie lésée des objets confisqués n'a
aucune influence sur son véritable caractère. En effet, la
loi a concédé aux auteurs, brevetés et propriétaires de
marques, à certaines conditions un droit de reproduction
et de vente exclusif ; elle a organisé à leur profit un véritable monopole et un monopole ne se comprend pas sans
la confiscation qui seule assure l'indisponibilité des
choses qui en font l'objet.

376. Ce monopole est analogue à ceux créés en faveur
de l'État par la loi du 28 avril 1816 sur les tabacs et par
la loi du 28 juillet 1875 sur les allumettes ; la jurispru-.

dence et la doctrine sont parfaitement d'accord pour décider qu'en ces espèces la confiscation constitue une mesure de police édictée pour retirer de la circulation un objet dont la possession en elle-même est prohibée. Pourquoi donner une solution différente en matière de contrefaçon? Si les objets contrefaits sont attribués au propriétaire du monopole, c'est d'abord pour lui servir de réparations civiles, et puis parce qu'ils ne peuvent profiter qu'à lui; leur possession est illégitime dans les mains de tous sauf dans les siennes. L'État lui-même ne pourrait les vendre sans son autorisation, il faudrait donc les détruire; il vaut mieux que la partie lésée en profite.

377. La confiscation prononcée à titre de peine, suppose un jugement de condamnation régulièrement rendu contre l'auteur du délit ; il en est tout autrement quand la confiscation est prononcée comme mesure de police. Il suffit, pour qu'elle soit prononcée, qu'il y ait délit constaté ; le fait que le prévenu échappe à la peine principale ne saurait légitimer entre ses mains la possession d'objets reconnus illicites. La confiscation peut être prononcée par les tribunaux civils, et, en cas d'acquittement, par les tribunaux correctionnels.

Les lois de 1844 et de 1857 disposent que la confiscation des objets reconnus contrefaits, et, le cas échéant, celle des instruments ou ustensiles, destinés spécialement à leur fabrication, seront, même en cas d'acquittement, prononcées contre le contrefacteur, le receleur, l'introducteur ou le fabricant. Le but de ces dispositions n'est pas douteux; il s'agit de retirer de la circulation des objets dont la seule possession est délictueuse. De même, la Cour de cassation reconnaît qu'en matière de contravention aux lois de 1816 et de 1875, qui réservent à l'État le monopole de la fabrication ou de la vente des tabacs, allumettes chimiques et cartes à jouer, la confiscation des objets saisis doit être prononcée malgré la nullité du procès-verbal et l'acquittement qui en est la suite, si l'infraction se trouve suffisamment établie par l'instruction.

378. Et, cependant, la Cour de cassation refuse de prononcer la confiscation en cas d'acquittement, lorsqu'il s'agit de contrefaçon d'œuvres littéraires ou artistiques. Elle décide, qu'en ce cas particulier, la confiscation est une véritable peine complémentaire qui suppose une condamnation principale et ne se comprend pas sans elle.

Il semble qu'il y a quelque contradiction à trancher d'une manière différente la question, selon qu'il s'agit d'un monopole attribué à l'État ou à des particuliers.

Les lois sur la propriété littéraire, comme d'ailleurs les lois sur les brevets d'invention et les marques de fabrique, attribuent aux auteurs, brevetés et fabricants, un véritable monopole en tout semblable à celui que possède l'État sur les tabacs ou les allumettes; il doit être protégé de la même façon.

Les lois de 1844 et de 1857, en autorisant la confiscation, même en cas d'acquittement, ont résolu la question en ce sens, et il n'y a pas de raison pour ne pas donner la même solution en matière de contrefaçon littéraire ou artistique ; dans les deux cas, il s'agit d'objets dont la possession est illicite et qui ne peuvent rester dans le commerce. Pouillet (*Propr. litt. et art.*, p. 636).

379. Lorsque la confiscation porte sur des objets dont la seule possession constitue le délit, elle doit atteindre ces objets dans toutes les mains, et elle doit être prononcée contre tout possesseur, fût-il de bonne foi. Cette solution est vivement contestée lorsqu'il s'agit de savoir si la confiscation peut atteindre celui qui détient un objet contrefait dans le but de l'employer à son usage personnel. La question a été posée à propos de la loi de 1844 sur les brevets d'invention, mais elle se pose dans tous les cas de contrefaçon.

On a soutenu, qu'en aucun cas, l'usage personnel ne peut donner lieu à la confiscation, que le détenteur soit de bonne ou mauvaise foi. Il est impossible, dit-on, de voir un recel dans le simple fait de la détention d'un objet contrefait, et on sait que l'article 49 de la loi de 1844 déclare expressément que la confiscation peut seulement être prononcée contre le contrefacteur, le receleur, l'introducteur et le débitant. Renouard (*Brev. d'inv.*, n° 23).

380. D'autres auteurs, parmi lesquels **MM.** Bédarride (n° 670) et Rendu (codes de la propriété industrielle, t. II, n° 238), distinguent suivant que le détenteur de bonne foi se borne à se servir des objets contrefaits pour ses besoins personnels ou qu'il les emploie à un usage industriel ou commercial. En ce dernier cas seulement, la confiscation est possible. Cette doctrine a été admise par la Cour de cassation dès 1844, et depuis, la Cour suprême s'est toujours refusée à admettre que la confiscation puisse être prononcée contre celui qui se sert d'appareils contrefaits pour son usage personnel (Amiens, 16 novembre 1888. Cassation, 5 avril 1889. *Ann. propr. ind.* 1890. 9).

381. Nous ne croyons pas que le fait que le prévenu détient pour son usage personnel puisse avoir pour résultat d'empêcher la confiscation de l'objet contrefait trouvé entre ses mains. La distinction, adoptée par la jurisprudence, entre le marchand et le simple détenteur ne semble pas se trouver dans les lois qui répriment la contrefaçon. D'ailleurs, le receleur visé par l'article 49 de la loi de 1844 n'est autre que le détenteur qui échappe à l'amende, à raison de sa bonne foi. Il est incontestable, et la Cour de cassation le reconnaît, que le receleur sera soumis à la confiscation, même en cas d'acquittement ; mais il ne pourra être acquitté que s'il est de bonne foi. Il n'y a donc pas lieu de traiter différemment le receleur acquitté et le détenteur de bonne foi : la Cour de cassation donne deux noms différents à une même personne.

382. Si on admet que la confiscation en matière de contrefaçon est une mesure d'ordre nécessitée par le droit exclusif reconnu par la loi aux auteurs, brevetés et pro-

priétaires de marques, ce droit, pour être efficace, doit
suivre l'objet en quelque main qu'il passe; que cet objet
soit entre les mains d'un détenteur de bonne ou de mauvaise foi, qu'il serve à un usage commercial ou personnel,
le monopole concédé n'en doit pas moins être respecté, et
la confiscation, qui en est la sanction, doit être possible
dans tous les cas. Avec la théorie de la jurisprudence,
l'article 49 de la loi de 1844 n'est jamais applicable, car,
dès qu'un prévenu est acquitté à cause de sa bonne foi,
il n'est plus ni receleur, ni introducteur.

Cette théorie est soutenue par Pouillet (*Propr. litt.*,
n° 708, *Brev. d'inv.*, n° 987, *Marq. de fabr.*, n° 287)
dans tous ses ouvrages ; Le Senne (*Brev. d'inv.*, n° 349)
Blanc (*De la contref.*, p. 205 et 678). Quelques arrêts
sont en ce sens, entre autres un arrêt de la Cour de Paris
du 25 novembre 1885 (*Ann. propr. ind.*, 1888-225).

383. Nos lois spéciales en édictant la confiscation des
objets contrefaits ont formulé une règle générale qui
s'applique à tout possesseur d'un objet contrefait, ce possesseur fût-il l'État lui-même. Cette question s'est présentée devant la Cour de cassation à propos des brevets
d'invention ; la Cour suprême a décidé que l'article 49 de
la loi de 1844 s'appliquait à l'État contrefacteur commè
aux particuliers.

Pour soutenir que l'État ne devait pas être soumis à la
confiscation, on disait devant la Cour de cassation : tout
ce qui appartient au domaine de l'État, qu'il s'agisse du
domaine immobilier ou du domaine mobilier n'en peut

sortir que dans les conditions et avec l'accomplissement des formalités prescrites par la loi. Tous les meubles appartenant à l'État sont inventoriés chaque année, et dès l'instant qu'un meuble a été porté sur l'inventaire dressé par les agents de l'État, il doit être représenté lors de l'inventaire suivant, à moins qu'il ne se soit produit une des éventualités prévues par les lois spéciales qui ont réglementé l'acquisition et la conservation des différentes parties du mobilier de l'État. Or, parmi ces éventualités, ne se rencontrent pas la saisie et la confiscation; on doit en conclure que les meubles appartenant à l'État sont insaisissables, comme sont insaisissables les immeubles, et partant que les objets prétendus contrefaits, qui sont des meubles appartenant à l'État, ne sauraient être soumis à la confiscation pour être remis ensuite à la partie lésée.

Malgré ces raisons, la Cour de cassation s'est prononcée en sens contraire; on ne peut contester qu'aucun principe d'ordre public ne s'oppose à la confiscation des objets illicitement détenus par l'État; donc l'article 49 de la loi de 1844, en particulier, doit s'appliquer dans cette hypothèse comme dans toutes les autres.

384. Dans la solution contraire, on a insisté sur les difficultés que pourrait présenter l'exécution du jugement prononçant la confiscation, à supposer que l'État ne s'incline pas devant la décision judiciaire rendue contre lui.

Comme l'a fait remarquer M. Demangeat, dans son

rapport devant la chambre des requêtes, le juge n'a pas à se préoccuper des difficultés d'exécution ; on ne doit pas prévoir que l'État se refuse à exécuter un ordre de justice. Le propriétaire du brevet dont la confiscation des objets contrefaits a été ordonnée à son profit, a une créance contre l'État, créance dont il ne peut assurer le payement par aucune voie de contrainte. Darras, note sous Cass., 1 févr. 1892 (*Ann. dr. comm.*, 92. 2. 63).

385. On sait que le décès du prévenu éteint l'action publique (art. 2, C. Instr. Cr.), en ce sens que l'héritier ne peut être déclaré coupable du délit qu'il n'a pas commis ; il échappera à la peine qui aurait frappé le prévenu, mais la confiscation n'en sera pas moins prononcée contre lui. C'est une mesure de police qui doit atteindre en quelque main qu'ils se trouvent, les objets dont la seule possession constitue un délit ; le décès du prévenu peut-il rendre licite un objet qui ne l'est pas ? — D'ailleurs, la confiscation, n'étant pas une peine, ne suppose pas l'action publique ; elle peut être prononcée par les tribunaux civils. Ceux qui, au contraire, attribuent à la confiscation un caractère purement pénal, principalement en matière de propriété littéraire ou artistique, dénient aux tribunaux civils le droit de prononcer la confiscation : c'est à la justice correctionnelle seule qu'il appartient de prononcer une peine. Mais il a été admis que si les tribunaux civils sont incompétents pour prononcer la confiscation, ils peuvent néanmoins ordonner la remise des objets contrefaits à la partie lésée.

CHAPITRE III

SANCTIONS AUTRES QUE LES PEINES PROPREMENT DITES ET
QUE LA CONFISCATION

§ 1ᵉʳ. — Dommages-intérêts

386. Les dommages-intérêts sont avec la confiscation
des objets contrefaits le mode de réparation le plus ordinaire du préjudice éprouvé par l'auteur, le breveté ou le
propriétaire d'une marque ou d'un dessin de fabrique dont
le droit privatif a été usurpé.

L'allocation de dommages-intérêts en matiere de contrefaçon de propriété industrielle et littéraire n'est que l'application de la grande règle d'équité formulée par les
articles 1382 et 1383, C. C.: le préjudice causé par un délit
ou par un quasi-délit doit être réparé par son auteur. Les
tribunaux jouissent du plus large pouvoir d'appréciation
pour déterminer s'il y a dommage et son étendue; ils
doivent fixer le chiffre des dommages-intérêts d'après les
circonstances de la cause et sans être astreints à aucune
règle ; et si le préjudice leur paraît négligeable, ils peuvent refuser toute indemnité.

387. Les tribunaux civils comme les tribunaux correctionnels peuvent, s'ils trouvent dans le procès tous les éléments qui leur sont nécessaires pour se prononcer en connaissance de cause, fixer le chiffre des dommages-intérêts, en même temps qu'ils prononcent la condamnation pour contrefaçon. Ils peuvent encore ordonner qu'il sera fixé sur état. L'état est dressé soit par l'intéressé, soit par des experts ; il est ensuite soumis au tribunal qui en a admis le principe ; les experts peuvent s'entourer de tous les documents de nature à les éclairer. Le contrefacteur est tenu, s'il en est requis, de communiquer ses livres de commerce (Paris, 9 avril 1892. *Ann. propr. ind.* 1896. 447).

Les magistrats étant investis d'un pouvoir souverain en ce qui concerne la fixation des dommages-intérêts peuvent librement choisir le mode de calcul qui leur paraît préférable ; même si les parties le demandent, ils ne sont pas obligés de recourir à l'établissement d'un état, et s'ils l'ont ordonné, ils peuvent ne pas s'en servir.

388. Les dommages-intérêts doivent être calculés d'après l'étendue du préjudice éprouvé par le breveté, le propriétaire de la marque ou l'auteur. Le préjudice étant indépendant des profits personnels que le contrefacteur a pu tirer de la propriété qu'il usurpait, il ne faut pas s'inquiéter si ses opérations ont été ou non fructueuses. C'est ce que décident un grand nombre d'arrêts en disant que les dommages-intérêts doivent être fixés uniquement d'après le préjudice souffert par le breveté et non d'après le gain du contrefacteur. (Cass., 10 novembre 1881. *Ann. propr. ind.*, 82. 205. C. Paris, 4 août 1887. *Ann. propr. ind.*, 88. 272).

En effet les lois spéciales de la propriété industrielle ne contiennent aucune dérogation au droit commun; et l'article 1382 du Code civil autorise l'individu lésé à réclamer uniquement la réparation du préjudice qu'il a subi ; on ne peut contraindre le contrefacteur à remettre au breveté la totalité de ses bénéfices, à moins qu'il ne soit formellement établi que sans la concurrence du contrefacteur, le breveté aurait obtenu les mêmes bénéfices. Les dommages-intérêts ne peuvent comprendre la totalité des affaires non réalisées par la partie lésée, mais les bénéfices qu'elle aurait perçus sur ces mêmes affaires. Il ne faut pas tenir compte des prix de vente fixés par le contrefacteur et des bénéfices qu'ils comportaient pour lui, mais de ceux fixés par le breveté et des bénéfices que ce dernier aurait lui-même recueillis.

Aux termes de la loi de 1793 le contrefacteur était tenu de payer au véritable auteur une somme équivalente au prix de trois mille exemplaires de l'édition originale. Le Code pénal a abrogé cette disposition rigoureuse, et les tribunaux ont, comme en toute matière, un pouvoir souverain pour apprécier les dommages-intérêts dus à l'auteur.

389. Donc la partie qui succombe doit la réparation de tout le dommage qu'elle a causé; on ne doit pas oublier d'y comprendre le préjudice moral causé à l'auteur ou au breveté par une concurrence delictueuse et persistante, et enfin les dépenses extraordinaires de voyage, de mémoires, etc., auxquelles il a été contraint pour défendre ses droits, en un mot, les dépenses nécessaires qui ne sauraient être comprises dans les frais ordinaires prévues par le tarif et admises en taxe (Douai, 18 avril 1893, *Ann.*, 93. 354).

Ils sont malheureusement très rares les jugements qui tiennent compte de ce préjudice; souvent le propriétaire lésé n'obtient pas des dommages-intérêts suffisants pour réparer le préjudice dont il a souffert et il a été de plus forcé de débourser une somme assez importante pour obtenir justice.

390. La loi du 22 juillet 1867 a conservé la contrainte par corps pour le recouvrement des condamnations civiles prononcées pour réparation d'un crime ou d'un délit; cette disposition s'applique au cas où c'est une juridiction civile qui a prononcé cette condamnation, si d'ailleurs le tribunal de repression a reconnu constant le délit ou le crime.

391. Lorsque les tribunaux rejettent comme non fondée une poursuite en contrefaçon, ils peuvent condamner le propriétaire du droit privatif à réparer le préjudice que son *action téméraire* a pu causer; car la partie succombante est tenue de réparer le préjudice subi de son fait par l'autre partie. Les tribunaux peuvent la condamner à des dommages-intérêts, ils peuvent même ordonner l'impression et l'affichage du jugement à ses frais.

Ainsi, si aucune poursuite en contrefaçon ne suit une saisie, le saisi peut, en outre de la nullité de cette saisie, formuler une demande en dommages-intérêts (Douai, 29 janv. 1895. *Ann.*, 96-362).

Il a été décidé que c'est aux tribunaux à apprécier s'il existe entre l'invention telle qu'elle est décrite au brevet, et les produits incriminés de contrefaçon des similitudes suffisantes pour avoir trompé le breveté sur l'étendue de ses droits et pour expliquer son action en contrefaçon, Cass., 12 déc. 1890 (*Ann. prop. ind.*, 93-162).

Le détenteur d'un objet contrefait acquitté à raison de sa bonne foi ne peut réclamer des dommages-intérêts au breveté; la demande de celui-ci n'est pas repoussée puisque le juge doit prononcer la confiscation de l'objet détenu de bonne foi. La bonne foi du receleur ne lui permet qu'une chose, c'est d'exercer un recours en garantie contre l'auteur de la contrefaçon, contre son vendeur.

§ 2. — Publication des jugements.

392. Au même rang que les dommages-intérêts, mentionnons la publication du jugement; c'est un mode de réparation que les tribunaux, en vertu de l'article 1036. C. Pr. Civ., ont le droit d'accorder a la partie qui gagne son procès, et qui peut s'exercer, soit sous forme d'affiches, soit sous forme d'insertions dans les journaux. Les lois de 1844 (art. 49) et de 1857 (art. 13) ont pris soin de rappeler le droit des tribunaux d'ordonner la publication des jugements qui prononcent une condamnation pour faits de contrefaçon. D'ailleurs, en vertu du principe général de l'article 1036, C. Pr. C., les tribunaux peuvent aussi accorder ce mode de réparation au défendeur ou au prévenu qui fait repousser les poursuites civiles ou correctionnelles intentées contre lui, surtout lorsque la saisie ou l'instance a eu une certaine publicité.

L'affichage est une mesure purement civile, constituant un supplément de dommages-intérêts et non pas une peine ; elle peut être ordonnée par la Cour sur le seul appel de la partie civile et en dehors de tout appel du ministère public.

393. Le tribunal et la Cour d'appel apprécient souverainement, non seulement s'il y a lieu d'accorder ou de refuser la publication, mais encore le mode et l'étendue de la publication qu'il peut être utile d'accorder à la partie gagnante et de mettre à la charge de la partie condamnée. Dans toutes les affaires de contrefaçon, la publication par voie d'insertion dans les journaux est fréquemment ordonnée ; les tribunaux indiquent toujours le nombre des affiches et des journaux dans lesquels aura lieu la publication, mais ils laissent généralement le choix des journaux à la partie intéressée.

394. Le juge peut avoir refusé la publication du jugement ; mais ce qu'il a refusé d'accorder, c'est qu'à titre de réparation civile ou de complément de dommages-intérêts, la partie adverse soit condamnée à payer les frais des affiches ou des insertions ordonnées. Le tribunal, en repoussant de pareilles conclusions, juge seulement qu'il n'y a pas lieu d'imposer à la partie condamnée cette augmentation de dommages-intérêts; il n'en résulte donc pas l'interdiction absolue de publier le jugement; la partie gagnante conserve la faculté de publier à ses frais la décision rendue à son profit, à la seule condition de ne pas en abuser et de ne pas s'en faire à son tour une arme de vengeance et concurrence illicite; il ne faut pas qu'elle excède les bornes d'une juste et loyale concurrence.

CHAPITRE IV

DE LA PRESCRIPTION EN MATIÈRE DE CONTREFAÇON

395. La contrefaçon est un délit, et comme tout délit, elle est couverte par la prescription. Il y a lieu en cette matière comme en toute autre de distinguer la prescription de l'action et celle de la peine.

Comme tout délit, le délit de contrefaçon se prescrit par trois ans ; l'action civile en réparation du préjudice causé par le délit s'éteint en même temps que l'action publique ; il importe peu que cette action civile soit portée devant le tribunal correctionnel en même temps que l'action publique ou séparément devant le tribunal civil. Elle serait aussi éteinte si le propriétaire du droit exclusif laissait trois ans s'écouler sans suivre cet appel ; le délit étant prescrit, son action devrait être déclarée non recevable.

396. Tout acte d'instruction ou de poursuite fait dans l'intervalle interrompt la prescription qui ne recommence à courir qu'à partir du jour où le dernier de ces actes a été fait ; la poursuite intentée même devant un tribunal incompétent interrompt la prescription.

La prescription est suspendue pendant tout le temps que dure le jugement de la question préjudicielle; ainsi une demande en nullité du brevet a été introduite contre l'inventeur, le jugement n'est rendu que longtemps après; le plaideur qui aura succombé dans sa demande en nullité ne pourra se retrancher derrière la prescription s'il est poursuivi en contrefaçon.

397. La prescription ne court que du jour où le délit est consommé, c'est-à-dire du jour où la fabrication des objets contrefaits est achevée. Mais la fabrication de chacun des objets constitue un délit distinct; le délit commence avec la fabrication de l'objet et se complète avec elle. Le délit ne se confond pas avec celui qui l'a précédé et celui qui pourra le suivre ; chacun de ces délits peut être séparément poursuivi et se prescrit séparément. Il s'ensuit que dans le cas d'une fabrication qui a commencé plus de trois ans avant la poursuite et s'est depuis continuée sans interruption, il y a lieu de distinguer entre les faits qui, remontant à plus de trois ans, sont couverts par la prescription et ceux qui, ayant été commis depuis, peuvent être poursuivis. Donc, chaque fait de contrefaçon a sa prescription spéciale qui commence à courir du jour où ce fait a été commis. Il en est de même pour l'usage de l'objet contrefait ; car cet usage n'est qu'une succession de délits distincts, l'usage comporte un agissement, un acte de volonté qui ne saurait résider dans un fait purement passif tel que la possession.

398. Chaque fait de vente, chaque fait d'instruction se distingue si nettement des faits de même nature que le doute ne peut pas exister ; le délit n'est pas successif, autant de ventes, autant d'introductions, autant de délits. Chaque fait de recel, s'appliquant à un objet différent, constitue un délit distinct et la prescription de l'un reste sans influence sur l'autre. S'il s'agit d'un recel continu et persistant du même objet, le délit est continu et successif ; il n'y a qu'un acte de volonté au moment où la possession commence, ensuite elle continue sans interruption ; dans ce cas, la prescription ne court que du jour où cette possession a cessé. S'il s'agit de faits d'une nature différente, la prescription du fait de fabrication ne couvre pas le fait de vente ; le débit d'un objet contrefait sera punissable alors même que la fabrication remonterait à plus de trois ans.

399. L'effet de la prescription est uniquement d'éteindre l'action en contrefaçon ; le fait qu'il y ait plus de trois ans écoulés depuis la fabrication ne donne pas à l'éditeur le droit d'écouler l'édition contrefaite ni à plus forte raison le droit d'en faire une nouvelle. La prescription ne fait que couvrir le délit ; elle est libératoire, elle n'est pas acquisitive. « La propriété littéraire ne se compose pas d'un objet déterminé ; elle se compose du droit exclusif d'éditer, de vendre, de débiter, de représenter des œuvres de l'esprit, des œuvres d'art. Tant que ce droit ne tombe pas dans le domaine public, il est conservé dans toutes ses manifestations : à l'égard du délit de contrefaçon, la nature de ce droit est de ne céder que dans la mesure de la chose prescrite ; or, vous avez fait une édition de mon livre, donné une représentation de ma pièce : trois ans se sont écoulés, je ne peux vous poursuivre ni correctionnellement ni civilement pour cette atteinte à ma propriété. Mais mon droit de propriété, mon droit exclusif de faire des éditions, de vendre, de représenter survit à cette usurpation partielle, il y survit par sa nature : ce n'est pas mon titre qui est détruit, c'est une fraction de ma propriété qui m'a été dérobée sans que je puisse m'en plaindre ». Ce que disait M. l'avocat général Vallée (*Ann.*, 63-9) à propos de la propriété littéraire s'applique en tous points à la propriété industrielle. La prescription ne peut profiter qu'à l'auteur même de la contrefaçon et même à son égard elle ne couvre que les faits remontant à plus de trois ans.

400. La peine se prescrit par cinq ans qui commencent à courir soit du jour où est rendue la décision qui la prononce, si c'est une décision en dernier ressort soit du jour où l'appel n'est plus recevable, s'il s'agit d'un jugement en premier ressort. Ce qui est prescrit, ce sont les condamnations prononcées sur les réquisitions du ministère public, emprisonnement et amende. Les réparations civiles ordonnées sur la demande de la partie privée restent soumises à la prescription civile de 30 ans.

TABLE DES MATIÈRES

TITRE I.

Dans quel cas il y a contrefaçon ou autres infractions de même nature qui lui sont assimilées.

TITRE II

De la procédure en matière de contrefaçon.

TITRE III

Répression de la contrefaçon.

Vu :
Le Président de la thèse,
LYON-CAEN.

Vu :
Le Doyen,
GLASSON.

Vu et permis d'imprimer :
Le Vice-Recteur de l'Académie de Paris,
GRÉARD.

A. ROUSSEAU, Imprimeur-Éditeur, Paris.